寿山石买卖秘笈

林浩 著

海峡出版发行集团
THE STRAITS PUBLISHING & DISTRIBUTING GROUP
福建美术出版社
FUJIAN FINE ARTS PUBLISHING HOUSE

图书在版编目（CIP）数据

寿山石买卖秘笈 / 林浩著 . -- 福州 ：福建美术出版社，2015.1
ISBN 978-7-5393-3302-1

Ⅰ．①寿… Ⅱ．①林… Ⅲ．①寿山石－投资②寿山石－收藏 Ⅳ．① F724.787 ② G894

中国版本图书馆 CIP 数据核字（2015）第 008075 号

寿山石买卖秘笈

作　　者：林　浩
责任编辑：郑　婧
出版发行：海峡出版发行集团
　　　　　福建美术出版社
社　　址：福州市东水路 76 号 16 层
邮　　编：350001
网　　址：http://www.fjmscbs.com
服务热线：0591-87620820（发行部）　87533718（总编办）
经　　销：福建新华发行集团有限责任公司
印　　刷：福州万紫千红印刷有限公司
开　　本：787×1092mm　1/16
印　　张：15.5
版　　次：2015 年 5 月第 1 版第 1 次印刷
书　　号：ISBN 978-7-5393-3302-1
定　　价：118.00 元

序

　　著名闽籍文人陈章汉的《寿山石赋》中有这样一段话：
"山以石名，石以文彰。金石对话，天人合一，必出人文华
章。千年豸俑，情关阴阳二界；百载神雕，脉出东西两门。
三坑孕五色，一刻值千金"其中浓缩了寿山石悠久的历史文
化积淀和人文价值。随着我国改革开放后的经济快速发展，
寿山石更是风生水起，成为人们心目中不二的国石候选，其
声名远播海内外。寿山石文化成为联络海峡两岸的重要文化
纽带、沟通五大洲友谊的桥梁。

　　早在 2001 年习近平主席为《中国寿山石文化大观》作
序时就提出"挖掘寿山石文化优势，做好寿山石文章，推进
寿山石产业发展，一直是我在福州工作期间的一大心愿"，
足见领导人对寿山石文化的深刻理解和对产业发展所寄予的
厚望。令人欣慰的是，近年来寿山石的开采、创作、收藏、
经营及文化传播蓬勃发展，达到了历史鼎盛时期，整个产业
链从业人员近 20 万之众，甚为壮观。"寿山有美石，贵并
玉连珏。光芒脂润泽，文理花斑驳。""神骨每凝秋涧水，
精华多射暮山虹。爱他冰雪聪明极，何止灵犀一点通。"众
多文人学者、寿山石专家、收藏家们撰书立说，咏诗作赋，
为寿山石注入了丰富的文化内涵，更带给寿山石爱好者提升
对寿山石认知辨识水平的资料。要真正领悟寿山石的奥妙，
古往今来就不是件容易的事，对寿山石稀缺品种的鉴别、研

判更是相当困难。现时寿山石种已逾二百种，随着时间的推移，新的石种仍被陆续发现，感观经验研判配合仪器数据检测的鉴定方式已经逐渐成为一种更加科学的寿山石鉴定方法，为人们解决寿山石收藏的各种担忧之难题。

所谓感观经验研判，即是眼力。眼力是一个人的文化程度、阅历实践、专业知识等各方面的综合能力。寿山石爱好者，尤其初涉寿山石者如何提升眼力入手寿山石投资呢？一本别开生面的专著问梓，许解其忧也。本书作者林浩，与寿山石结缘十年，从业三年，不循旧籍陈言，不趋泛泛铺陈，更不愿人云亦云、拾人牙慧，以其独特的视角和理论化的归纳，从交易理论、投资策略、买卖技巧、收藏见解等全新角度，为初涉寿山石者巧筑蹊径。全书笔酣墨饱、深入浅出，阐述了业内些许外所不知、知者不言的门道，可释收藏之疑，亦解交易之惑。本人受邀作序，感新人辈出之余，望业界同好对本书不当之处不吝赐教，以敦其自省、鞭其前行，更能百尺竿头、终有所成。

是为序。

福州寿山石文化艺术品产权交易所董事长吴立旺

　　寿山石自清朝起被宫廷皇家作为印玺首选之材后名声日噪，其中的田黄石、芙蓉石与昌化的鸡血石被世人并称为"印石三宝"。所谓盛世产好石，新中国成立后是寿山石进入大规模开采的巅峰时期，其产出无论在数量上还是品质上都远胜过以往任何一个时代，甚至许多古代帝王的手中把玩也还比不上现代许多老百姓手中的收藏。人们对收藏寿山石的兴趣与日俱增，时至今日，寿山石已经发展成为福建地区家喻户晓的收藏品种。

　　寿山石文化、寿山石雕艺术和篆刻艺术是一脉正统的中华文化传承。一件优秀的寿山石雕艺术品，既给人视觉上的美感，又给人触觉上的享受；既有平面的构图之美，又有空间的造型和谐；既有焕然天成之自然奇趣，又有后天创作者的人文情怀……在各类收藏品门类之中，由于寿山石发展的历史尚浅，相对于其他动辄千年的大品种略显文化底蕴不足，然而得益于其鲜明的特点和独特的优势，未来的发展潜力不可估量。

　　与字画、瓷器等大类收藏品相比较，介绍寿山石的书籍相对较少，内容也大多数涵盖有关石种鉴赏、文化掌故或艺术家作品专辑等方面。为了能够让更多人认识并了解寿山石，培养兴趣并敢于入手收藏，本书作为寿山石交易投资的入门指引，主谈寿山石交易中的技巧和理念。受笔者个人认知所限，书中表达的观点未必完全正确，只希望某些方面能够对读者们有所启发。

寿山石是一种介于艺术品、古玩、工艺品的收藏品类，寿山石的交易经验以往更多只以口头方式流传于民间，未曾有人专门为此著录。笔者有幸能在寿山石交易机构从事工作，得以亲身接触大量的寿山石交易案例，从而得以将过往案例总结提炼，为大家分析人们为什么想买寿山石、为什么敢买寿山石以及如何买寿山石这三方面的问题，以文字漫谈的形式向大家介绍寿山石的经营文化，揭开寿山石投资交易行为背后的秘密。本书中提出的"欲信"理论系全书之精髓所在，读者只要理解了这一理论便抓住了全书的关键，必然对今后寿山石的投资交易产生积极影响，当然这一理论也同样适用于其他门类的收藏品交易，读者可以触类旁通。

目 录

第三章 石话实说

第四章 国石收藏

附 印艺欣赏

第一章

石市漫谈

一、"欲"与"信"

当各大媒体频传某寿山石印章以过千万元的天价在拍卖会上成交时，很多人会感到好奇：怎么会有人愿意花那么多钱买一块石头？怎么会有人敢花那么多钱买一块石头而不怕受骗上当？

每一笔寿山石交易的背后，都离不开两股力量的推动，用两个字来描述就是"欲"和"信"。一切的寿山石交易策略都围绕在"增欲"与"增信"这两方面展开。

"欲"很好理解，"欲"即是需求，有需求才会有消费，这是产生交易的基础。精明的卖家会通过一些"增欲"方式来激发买家的购买欲，对方欲壑难填之时，便是卖家获利之日。

然而仅仅是有"欲"仍不足以促成交易，特别是在寿山石变得日益昂贵的今天，很多人看到心仪的寿山石之后，明知自己喜欢但是却不敢出手购买，寿山石的高价格让买家心中产生了一个顾虑：会不会受骗上当。所以许多人都有过与心爱的宝贝失之交臂的经历，回想起来无非就是对石头品质、当前价格和未来价格走势等问题上有些担忧。"信"的作用在此时就变得至关重要，它是促成交易的催化剂，就像是酿酒过程中的酵母一样，缺了它，无论把葡萄浸泡多长时间，水还是水，葡萄还是葡萄，不会变成酒。

与大宗商品交易相比，在价格普遍高昂的寿山石交易市场中，"信"的力量在寿山石交易当中常常起着决定性作用，而且对于价值越高的寿山石，"信"的作用越重要。在亲历了寿山石交易市场的潮起潮落后，笔者总结其中存在三种不同的"信"的力量有助于促成寿山石交易。

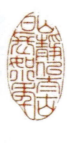

2012 年杭州西泠秋拍上，这枚重 182.2 克的田黄石《秋菊舞蝶》薄意椭圆章以 690 万元的价格成交。每当拍卖会上有此类重量级拍品高价成交时，许多对此不甚了解的人心里常常会问道："这件东西是真的吗？""值这么多钱吗？""是什么人为什么要买它？"，这也是理性人应有的顾虑。

第一种是卖方的信誉，就是买方对卖方的信任度。

特别是对于新入门的买家而言，考虑是从一个流动商贩处购买寿山石，还是从一个老字号商铺处购买寿山石，绝大多数新手们会选择后者。由于寿山石不像打火机或水果等日常用品，也不像黄金或汽车等标准化的产品，对于新手而言，众多价格不菲的寿山石收藏品之间是无可比对的，因此，为了尽量避免受骗上当，寻找一个让自己感觉信得过的渠道购买寿山石是必需的，比如国营机构、百年老字号，或是有幸认识的某个专家、大师朋友、石商朋友，"他们会顾及自身的声誉和情面，应该不会骗我"是新手们通过上述渠道购买寿山石时给自己的心理暗示。

所以新手的购买行为常常遵循一个规律：一般都不会从一个接触时间不长的卖家那里购买很昂贵的寿山石，往往是一开始只买一些相对便宜或自己容易承受得起的东西，只有在与这位卖家有过数次往来之后，对他形成了一定的信任感，才会出手购买价格比较高的东西，这是由买家心里对卖家的信任感决定的。所以当有新手想购买高价位的寿山石时，去拍卖会上举牌会比商铺里私下交易让他们更加放心。

第二种是第三方专业上的增信。

买家购买寿山石时总希望能够借助外力帮忙鉴别把关，即使是寿山石生意圈中混迹多年的江湖老手在出手购买"大家伙"时也喜欢请人共同把关，这样能降低风险，以免自己一时看走眼。可想而知，能够提供第三方增信的一般都是专业人士，并且该专业人士在当前的交易中没有利益瓜葛为佳——也可称之为非关联方，否则就依然存在道德风险。然而这种服务并不是所有人都有条件获得的，并且买方常常难以判断第三方专业人士是否完全毫无关联。

当然，除了第三方的增信有助于促成交易，卖方自身如果也是专家、大师、或者行业名人的话，也更容易为人所信，这也是目前寿山石行业中知名专家和雕刻大师的生意比普通寿山石商家更红火的原因之一。

第三种是买方对自身辨别力的信心，这既是对自己的眼光和品位的自信，也是对眼前这件作品的信心。

在一个诚信匮乏的时代下，买方的自信心是收藏品交易的核心力量。买方对作品的信心既来自于这件作品的表象，即自己对眼前这件东西的喜好程度，也来自于自己所了解到的各类信息，从而对价格的高低形成判断。人的审美观是受先天遗传和后天教育共同影响的，先天的那部分审美可能差异不大，但是后天的审美差异可是大相径庭，并且审美观会随着眼界的开阔和阅历的增长而改变，所以老手的眼光总是比新手更加毒辣。而且对于寿山石而言，审美仅仅只能关注到作品的表象，而像石质、石性、工艺水准等深层次的问题判断只有通过自身经验的积淀才能练就。因此在寿山石领域内，新手的辨别力肯定是有缺陷的。纵观古今中外的收藏品行业，从来没有哪个人玩收藏不"吃药"（吃药：花钱买到假货或次品）的。只要是个玩家就会被"下药"，悟性高的"药"少吃些，悟性低的多吃些，但多少都会吃一点。

但是对于老手来说，他们买寿山石的时候，更多的是相信自己的眼力，他们能透过表象不看东西的包装，不听东西背后的故事，任由卖方把手上的东西吹得天花乱坠，所有的增信手段在他们面前都是浮云，他们心中常常只盘算两件事：这东西值不值得买，以及以什么价格买才算值得。他们对自己的判断力已经极具自信。这种信心是在长年的学习、经营、交流、失败中积淀下来的最精华的智慧。这种智慧其实就是所谓的眼力，眼力的培养和提升是一种价值观的形成过程，这种价值观一旦成型，便成为指导交易的行为准则，对交易决策起到决定性的作用，旁人难以改变。

徐玮作马背石《二甲传胪》对章

二、信的价值

曾有一位经营寿山石的朋友分享过他的一次亲身经历：大约在 2005 年左右，他有缘经朋友引荐结识了一位寿山石雕刻大师，并将手上刚刚购得的一块原石交由大师进行加工创作。那块原石拳头般大小，当时的成本在 1000 元，我这位朋友根据当时的市场行情预计加工好之后售价在 3000 元至 5000 元之间，具体定价则要看成品后的效果。寿山石行业的惯例，雕刻师都是在雕刻完成之后再跟货主商量工钱的，理由很简单，因为雕刻师耗费在这块石头上心血的多少只有雕完之后才会知道。在将石头委托给雕刻大师之后大约过了 5 个月，大师请我的朋友过去看成品，我的朋友便满怀期待地跑到大师家里，刚刚见成品第一眼，心里头便很不是滋味，感觉成品的效果并不是很理想。经过一阵寒暄和东拉西扯之后，我的朋友便斗胆问了一句：

"师傅啊，请您雕一次真不容易，您看我这块石头工钱要算多少合适？您千万不要客气。"

"哎，你第一次在我这加工，而且又是这么熟的朋友介绍的，肯定要算便宜点，就算一万五吧。"

此话一出，我的这位朋友顿时肚子里翻江倒海，然而话已说出口就要顾及面子，这钱咬牙也得掏啊！怎奈当时身上只带了三千多元钱，差得太离谱，正尴尬至极，不敢直视大师的眼睛。于是目光就凝在手中的这块石头上，不停地翻看，突然他发现这件作品尚存一丝缺陷：圆雕人物的眼睛还没开眼线！于是脑筋一转，急中生智说道：

"大师啊，这个人物脸部好像眼线还没开呀？不知道我有没有看错。"

大师接过石头仔细看了看说："哦，是疏忽了。没关系，我明天补两刀，改好后你再来取。"

"那就有劳您了，我等您电话。"说完便赶紧离开了。离开的时候心里还在念叨"这下赔大了，以后再也不敢找他加工了！"

大约过了四天时间，大师给我的朋友来电了："上次那块石头已经改好啦。"

"哦，好啊，您什么时候方便我过去取？"

"先不急呀，我想问你这块石头要卖多少钱呀？我这有个朋友刚好见了很喜欢想要。"

"哦？这个我也不懂啊，大师您帮我做主了吧，您说了算！"

"呵呵，那好啊，反正有的是机会，以后我再给你雕一个！"

又过了三天时间，我的朋友被叫到这位大师家里去了，他咬牙提了15000元的现金带在身上，惴惴不安地到了大师家。刚一见面，大师笑脸相迎，拿了一万元现金塞他手上说道："石头被我卖了，这些应该够吧？"

结果我这位朋友不但工钱一分都不用出，还净赚9000元到手，当时他形容自己的心里那真叫万马奔腾、心花怒放……

后来我们每每谈起这件事情，我的朋友便总结经验：当时那块石头如果在他手上卖，能卖到5000元都顶天了，而且很难想象要经过多长时间才能卖得出去，但当时放在那位大师手上至少卖出了2万元的价格。为何会有如此大的差距？从买家心理上分析，从雕刻大师手上直接买作品感觉是最直接的，没有中间任何流通环节和中间商加价，是一手货，而且真实可信；从寿山石商家或经纪人手上买东西，对于买家来说，心里总感觉是被二盘商盘剥了一层，买家对于商家的信任度自然没有雕刻师那么高。这也就是寿山石在大师手上更容易出手而且价格更高的原因。

由此看来，在寿山石生意中，对于很多买家而言"信"是需要付费的。"信"是一种附加值，虽然不像布匹变成衣服那样直观可见，但对买方而言，一旦产生了信的感觉，便不再是虚幻缥缈的，而是真真切切的存在。在寿山石买卖中，做到了取信于人，就相当于做到了取财于人。

石秀刻芙蓉石《麒麟献瑞》

天下第一行书《兰亭集序》摹本

三、石　欲

人人都说寿山石天生丽质，自明清以来，历朝历代的达官显贵和文人墨客们都对寿山石情有独钟，这绝非偶然。寿山石以其温润的内质、明艳的色彩、深厚的底蕴在国石文化中位列各品种之首。寿山石究竟会激起人们哪些"石欲"，吸引着古往今来的人们为其一掷千金呢？且让笔者细细道来。

乾隆皇帝赏玩珍宝的三希堂内景

顶级艺术品的产生常常具有一种偶然性，这种偶然性造就了其唯一性和稀缺性。就拿书法艺术品中的王羲之《兰亭集序》来说，相传那是王羲之在酒后即兴发挥而成的一件神品，在王羲之本人酒醒之后就再也写不出第二幅有此神韵的《兰亭集序》了。

寿山石艺术品亦是如此，世界上本就找不出两块一模一样的寿山石，很多寿山石浑然天成，未经雕琢已极具美感，雕刻艺术家在此基础上对寿山石进行加工创作，赋以人文情怀，最终达到工料双绝的境界，集天时、地利、人和于一体，这是偶然中的偶然，更显珍贵。

此外，寿山石自身还具有许多与众不同的特性是其他艺术收藏品所无法企及的。譬如，与只能平面欣赏的书画类艺术品相比，寿山石既可以获得全方位的立体欣赏，还可以在手掌中和脸颊上抚摸把玩，又增添一番触觉享受，并且寿山石体积小，易于保存，适合人们大量收藏，难怪古往今来多少人为其痴迷。

王羲之《快雪时晴帖》（局部）

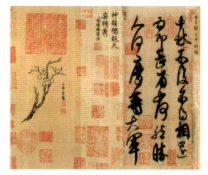

王献之《中秋帖》（局部）

王珣《伯远帖》（局部）

自明朝末年文人自刻印的兴起，寿山石伴随着篆刻艺术开始逐渐步入艺术殿堂。它先是作为书法篆刻艺术的载体被大量使用，时至今日，已经发展成为雕刻、篆刻、书画、文玩等多种东方传统文化的纽带，脱离了单纯印章用材的传统印象，作为贵重的软宝石被社会大众重新认识，成为一种精神消费品。人们对美的追求源于天性，并常常表现为一种占有的欲望，美轮美奂的寿山石自然无可例外。一个人一旦对寿山石产生兴趣，就会激发强烈的占有欲，并且具有很强持续性，于是乎就上瘾了，成为一个相伴终身的爱好。

寿山石除了自身具有的诸多特点能够自然引发人们的喜好之外，还有很多与其他艺术收藏品相类似的共性，由此引申出一些独到的用途，在人们的生活中发挥特定的作用。

首先，寿山石作为收藏品的一种，理所当然地成为拿得出手的馈赠礼品，在这一点上寿山石完全不亚于其他品类的艺术品。用时下流行的"高端大气上档次"来形容恰如其分，并且其"高价、便携、隐秘"的三大特性，有时候还能成为私底下利益输送的优良载体。

其次，寿山石也成了某些圈子间人们联系情感的纽带以及彰显身份的道具。古时候的达官显贵中有斗鸡、斗蛐蛐为乐的，在现代则有比拼各种艺术收藏品的，这是当今某些人在社交圈子内寻求情感交际和自我身份认同的需求，说白了玩的就是一种感觉，一种品位消费。寿山石也不例外，闲暇之时三五个好友在一起品茗闻香，谈天说地，这时候各从兜里掏出近日新得的寿山石来比拼一下，别有一番情趣。还有现在许多先富起来的企业家们，购置了豪车豪宅之后，请朋友们来家里作客，可是如果家里摆放的陈列品都是普通工艺品，墙上挂的还是廉价的商品画，这样会给朋友留下一种"土豪"的暴发户印象，不应该马虎对待。选购几件有分量的寿山石艺术品置于书桌案台，既能作为彰显自我身份的道具，又能体现主人的生活品位和文化内涵，这是寿山石艺术品满足人们精神层面需求的一种消费。

"三希堂精鉴玺"和"宜子孙"印章，经常共同出现在三希堂收藏的墨宝中。

更妙的是对于某些顶级的寿山石收藏品，它们除了自身是看得见摸得着的有形资产之外，还同时伴随着巨大的无形资产价值。顶级的寿山石收藏品本身就是社会大众和各路媒体关注聚焦的对象，收藏家或企业拥有它们，具有极佳的广告效应，能为自身树立良好的社会形象，体现着拥有者的经济实力和文化气息。这在以往有许多成功的先例可以借鉴，其中日本安田保险公司的案例颇为著名。安田公司在 1987 年以约 4000 万美元的天价竞拍购得凡·高的名作《向日葵》，成为当时世界上价格最高的油画，据说安田公司的代理人是以铺满画面的 58 捆万元日币大钞堆成 1 米高来计算，并且在整个拍卖过程和购后大肆宣传，扩大舆论吸引眼球。安田公司将《向日葵》放在公司大厦 42 层的公司博物馆中，几百平方米的面积内只悬挂三幅价值连城的世界名画，每天能够吸引 2 万多人前来参观，仅博物馆名画参观券的收入一年就达数千万日元，此画也使安田公司大楼一举成为东京的著名景观。安田公司高水平、高质量、高层次的艺术收藏让公司上下对自身发展充满信心，名声大噪、业务猛增，并顺利承揽下了原本属于同行竞争对手的诸多业务。后经人测算，原以 58 亿日元购进的《向日葵》在数年间为安田公司创造的直接和间接效益在 2000 亿日元以上。在认识到购买顶级艺术品对提高企业竞争力的效果后，许多日本大企业都开始舍得在购买艺术品上投入巨资，还在当时掀起了一股热潮。

安田公司收藏的凡·高作品
《向日葵》

顶级的艺术收藏品自身就像一个优质企业，既有有形的资产实体并能逐年增值，又能产生巨大的无形品牌效应和社会声望，这在寿山石领域内也存在经典的应用案例。相传某地曾有位企业家手中收藏有一枚无与伦比的寿山田黄石至宝，其在重量、形状、质地和雕工各方面都堪称一流，引得历任领导都为一睹真容而慕名前往，由此这位企业家便很容易与当地政要相识结缘，并且手握巨宝，更容易让政治家们认可自身的经济实力，大大减少了企业的商务沟通成本，这枚寿山石为他和他的企业带来了巨大的无形财富，后传闻曾有人开出了 3 亿元的天价求其转让也未能如愿，

八大山人《双鹰图》藏于纽约
大都会美术馆

明末清初八大山人作品

这枚田黄石已经成为这位企业家的一种荣耀和象征，这是其他任何东西都换不来的。

其实许多富豪在刚刚开始也并不知晓寿山石艺术品投资的好处，最初只是由于他们的财富积累到一定的体量之后，开始考虑将自身资产进行分散配置，以此对冲通货膨胀的风险。后来人们发现投资艺术品不仅能抵御通胀、长期保值增值，还能愉悦自己的身心，提升生活品质，于是寿山石越来越受到人们的重视，已经成为人们资产配置中非常重要的一个门类。寿山石的这种保值升值的预期虽然是一类简单的"石欲"，但是在市场中起到的作用是非常强烈的，寿山石行业伴随宏观经济产生的周期性波峰波谷在很大程度上正是由于人们对此类资产的增值预期发生变化所导致。

寿山石艺术品的种种特征及其丰富的用途，都会勾起形形色色人群的各种"石欲"。有经验的石商在向不同的客户销售寿山石时也会有不同的侧重，将客户的潜在"石欲"激发。近年来在寿山石行业内的造富神话此起彼伏，天价寿山石屡见不鲜，吸引众多投机人群目光，为了赚钱而购买寿山石的人比比皆是，很多人甚至连石质优劣都还无法准确区分便参与到击鼓传花的游戏中来，这种由金钱诱惑引发的赤裸裸的"石欲"也是具有相当强大的力量，大量资金涌入寿山石市场将其价格抬升至历史最高位。短期投机行为固然可以营造一时的市场繁荣，然而洗尽铅华之后，只有那些真正的懂石、爱石之人才能在这个市场中延续。

四、"受伤石"

作为艺术收藏品的寿山石，具有与其他门类艺术收藏品相似的固有特性，在市场交易中也存在有相似的规律，最典型的表现特征就是：非标准化、高价、变现周期长和交易双方信息不对称。

"非标准化"说的就是在大多数寿山石交易中，对于普通的交易人群而言，每件寿山石作品都是独一无二的孤品，很难找到具有可比性的类似替代品。这就为寿山石的定价带来了极大的困难，因此在现实交易中，交易的价格表现为极大的波动性与不确定性，诸多客观环境因素和交易双方主观心理因素都会对交易价格产生影响，也就是说作品在哪里卖、怎么卖、甚至今天买卖双方的心情如何都左右着最终的交易价格。然而这也是寿山石交易的魅力所在，正是它的这一特性为某些精明的人拓宽了获利想象空间。

　　"高价"已经是目前寿山石市场的普遍现象，寿山石正在摆脱曾经礼品和工艺品的束缚，步入艺术品和收藏品的殿堂，与之相伴的自然是价格的攀升。随着人们对寿山石认知度的不断提升，收藏爱好者们已经逐渐接受并认可了寿山石的价值，并且通过市场经济的力量重新定位了寿山石应有的价格区间，想以购买工艺品般的地板价去购买寿山石精品的日子早已一去不复返了。

　　"变现周期长"指的是一件作品从买入到卖出往往需要短则数月长则数年漫长的等待，这也是所有艺术收藏品经营中的普遍现象。不要轻易幻想通过快进快出的方式倒卖寿山石赚钱，这只是人们的一厢情愿，市场中的确有少部分人能够做到，但是凤毛麟角，并且其身后的巨大资源优势是很多人无法企及的。普通人在购买寿山石之后，都将其收而藏之，要想在短期内高价变现诚然是不容易的。寿山石市场中极少发生短时间内对某件作品频繁地发生交易的情况，好东西的交易都需要等待机缘，就是生意人常常说的"人与东西是否有缘分"。因此，"三年不开张，开张吃三年"成为了寿山石行业中较为普遍的现象，当然，这种高额的利润也是对较长的变现周期的一种补偿。

　　那么，越是极品的好东西变现周期越长。原因何在？每位经验丰富的寿山石玩家和商家都知道，真正有收藏价值的好东西，要么其获得成本是非常昂贵的，要么就需要特殊的机缘才能购得，总之是非常不容易。既然来之不易，每个玩家或商人手中的好东西数量也必然很有限，变卖时的价格肯定要高到足够让自己满意才行，这也就难怪要等很长时间才会遇到有缘人了——"既要看得上、又得买得起、还得舍得买"——也就是人们所说的"眼力、实力、魄力"。

　　"信息不对称"在任何种类的商品交易中多多少少存在，而在寿山石交易中却是非常严重的，不对称的信息包括了寿山石的真伪、成本、心理售价、石病、优劣等许多方面。近年来，随着寿山石价格的一路走高，笔者身边有越来越多的朋友跟笔者说，自己开始对寿山石感兴趣，也想着手寿山石投资收藏，但是由于怕受骗上当而不敢大规模出手购买。人们常说"买的没有卖的精"，

注："受伤石"的由来
亦另外有两种说法：

①因寿山石硬度不高
易遭金属划痕而受伤

②喜欢寿山石的人常
会耗费大量金钱于其
中，导致钱包很受伤。

事实诚然如此。很多新人在刚介入寿山石收藏时，买到石头回家之后发现石头出现裂纹或白斑，而在购买的时候由于养护油的掩盖根本无法察觉，懊悔不已，大呼上当，坊间有人将寿山石戏称为"受伤石"注即是由此而来。有些人一朝被蛇咬十年怕井绳，从此告别寿山石不再"受伤"，个别人甚至认为寿山石放一段时间会开裂属于正常现象，从而对这一收藏品种兴趣大减，转投其他品种门类，实属遗憾。而对卖方而言，他们在经手这些寿山石的过程中，多数对其中的瑕疵和石病已有所了解，这就是一种在货品质量上的信息不对称优势，这种信息不对称优势的滥用助长了欺骗和不道德的经营，也是制约寿山石发展的一大客观瓶颈。

精明的卖家还会通过与买家的交流来判断买家是否内行，从而利用信息差异优势试图最大化获利。要做到这一点实在是太容易了，因为对于外行人来说，寿山石中隐藏的石病是他们用眼睛无法分辨的，只有靠经验。新手常有几大特点：贪便宜、喜欢艳丽的颜色、喜欢大个头、对杂质不敏感、不会区分石质石性、不懂欣赏工艺……那些石质不稳定的大个头巧色寿山石，再配上一个看似有吸引力的价格就是最容易被新手们相中的东西。

除此之外，寿山石交易在价格上的信息不透明同样严重。大部分人没有接触过足够多的寿山石样本，没有进行足够多的对比，因此脑中建立的质量评判体系是片面的，其价格评估体系肯定也不准确。新手们如果按照其他大宗商品

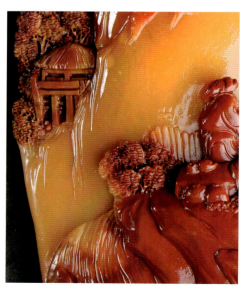 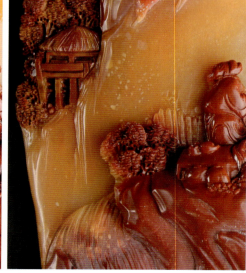

碱（图）性芙蓉石在保养油挥发干后显露出裂纹和内爆

你能从图中大致判断出石质孰优孰劣吗

交易思路，寄希望于卖家赚取 10% ～ 30% 的合理利润率是不现实的，因为卖方的成本完全不透明，而买方自身又缺乏价格评估能力，所以借力于可信的第三方是新手们的理性选择。

五、玩转时空

大部分参与过股票交易的人都知道，普通散户在股市中赚钱不外乎两种方式：一种是价值投资，即精选个股，通过伴随企业的成长获得股票价格增长的回报；另一种是投机性波段操作，即利用股市的波动性，寻找适合的买卖时机，赚取股票差价。寿山石作为投资收藏品的一个门类，其投资获利方式与股票交易既有相通之处，又有其自身特点。

寿山石交易获利也无外乎两种方式，一种是时间投资获利，一种是空间投机获利，然而这两种方式的区别有时候显得很模糊。

所谓时间投资获利，顾名思义，就是通过购买具有长线增值潜力的品种进行投资收藏。自寿山石市场急剧升温以来，在寿山石业内常常听说类似这样的话："当年我买这块石头只花了 100 元，现在去买类似的至少要 2000 元，翻了整整 20 倍。"这是时间投资获益的魅力。随着我国逐步迈入小康社会，人们开始追求精神享受，其中审美与收藏的消费需求也必然日趋膨胀，而精美的寿山石艺术品由于受其自身资源稀缺所限，在相当长一段时期内，可预见的供应量仍将日渐缩减，因此，在市场中没有出现其他替代品的情况下，这一供需矛盾必将导致价格持续上涨。正所谓奇货可居时，价高者得之。

如果我们仔细分析其中价格上涨的原因，会发现大多寿山石作品，尤其是那些普品，它们的价格上涨幅度其实也就持平了这几年的通货膨胀率。10年前福州市人均月工资1000元（官方统计数据为1382元）时，一方优质的老岭石标准寸章是10—20元钱；10年后福州市人均月工资在3000元时，同样一方老岭石章也只卖到50—100元，这种财富增值是缺乏吸引力的；而如果10年前花1000元买一枚优质的荔枝洞石标准寸章，放到10年后的今天其价值至少是在5万元以上，如果带巧色且质地纯净的可达30万元甚至更高，这种财富增值是极具吸引力的。由此可见，如果长线的投资收藏收益率只与通胀率持平，那充其量也就仅仅保值，并未实现真正意义上的财富增值，如何选择真正具有长线投资价值的作品，是决定其未来收益率高低的关键。

进一步分析来看，寿山石与其他艺术收藏品一样，它的价格也与当前社会资本流动性充裕度呈正相关。举个例子来说，乾隆皇帝用过的田黄三链章可以说是寿山石珍品中的佼佼者，属于国宝级的艺术珍品，可谓无价。假设我们将其送到拍卖行拍卖，它必定也会形成一个当时最终的成交价格，而这一价格应该与同属国宝级的其他门类的珍品相当。譬如在书法界具有类似地位的王羲之《平安帖》在某个大型拍卖会上拍出了3.08亿元的价格，很难想象田黄三链章成交价会远远超过它。因此，虽说艺术无价，但是如果市场一定要为它们定价时，它们也都有一个价，而且这个价肯定是有天花板的。从宏观上看，决定这一天花板高度的，正是当前的社会资金流动性充裕程度。

田黄石三链章

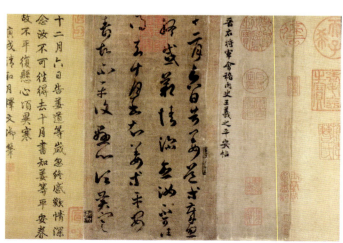

王羲之《平安帖》，这幅仅有41个字的草书以平均每个字700多万元的价格在2010年嘉德秋季拍卖会上成交。

图：2013年上半年艺术品市场企稳，M1增长率回升

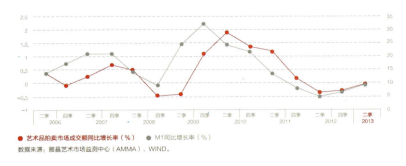

● 艺术品拍卖市场成交额同比增长率（%）　● M1同比增长率（%）
数据来源：雅昌艺术市场监测中心（AMMA）、WIND.

雅昌艺术网统计的艺术品拍卖市场成交额同比增长率与M1同比增长率呈正相关（已有许多外文文献证明了艺术市场与金融市场的价格具有高度的相关性，只是艺术市场存在六个月到两年的滞后期，这一滞后期产生的原因则既受到重要拍卖会的日程安排影响，也与高净值人群往往在经济波动的后期才调整消费习惯有关）

　　空间投资获利是指人们通过游走于不同地域、不同圈层、不同人群中来赚取寿山石的差价。对于专业的寿山石经营商家而言，这是他们赖以生存的盈利方式。如何寻找、发现、挖掘、培养不同圈子中的寿山石价格差，是专业寿山石经营者的工作重心。

　　纵观古今中外，凡是优秀的艺术收藏品，最终都会流向为它们出价最高的人群。上世纪80年代，亚洲"四小龙"经济蓬勃发展，由于他们系东方传统文化一脉传承，懂得欣赏传统文化艺术，先富起来的新加坡及港澳台地区具有相对强大的购买力，适逢大陆刚刚改革开放，人们尚在为温饱奋斗，他们便从大陆廉价收购了不少艺术精品，寿山石也包括在内，就是在那个时候，一大批精妙绝伦的寿山石精品纷纷流向海外。据当时有海外展销经验的寿山石资深经营人士介绍，在上世纪80年代，一坯非常开门的50克成材的田黄石在福州本地只能卖到数百上千元，而且还不是很好卖，但如果能有渠道卖给外商华侨，价格能够过万。后来，随着中国大陆经济的迅猛发展，国内逐渐开始对艺术收藏品的价值重新定位，一些早年流出海外的艺术珍品开始纷纷回流大陆——即2010年后艺术品的回流热潮——尤其在北上广这三个经济"发动机"地带，其强大的消费购买力已经成为时下名副其实的东方艺术品交易中心。所以也有相当一部分的寿山石经营者从事此类跨地域的经营，地域性的经济差异造成的寿山石价差成为他们盈利的主要来源。

　　由于寿山石的非标特性，交易价格往往具有很大的浮动空间。即使面对同样一块石头，在同一时间、同一地点给不同背景、不同收入的人群估值，其中尚有可观的价差，这也为经营者创造了足够的获利想象空间，这就是为何部分寿山石经营者能够在地摊上或别人的店铺里买石头，然后再放到各自不同的渠

道中卖掉赚取差价。由于不同的人群有不同的经济承受能力，并在自身生活环境中所接受的信息存在巨大差异，大部分情况下对于同样一块寿山石富人会比穷人给出更高的估价。

六、圈子经济

笔者身边常有朋友讨论如何从寿山石投资收藏中获益，在接触了众多藏家、商家、玩家等各类市场人群之后，笔者认为应当"因人而异"。每个人的时间、精力、资金、人脉都各不相同，需要以适合自己的方式参与寿山石投资收藏，不能因为这项爱好而对自身的工作和生活产生负面影响。这正如股票市场，有人做短线波段获益，有人以长期持有获益，有人专门打新股，有人甚至只靠打听消息……只要投资能获利就是好手段，八仙过海，各显神通。

对于那些富人们而言，他们多是企业家、政治家、银行家……有钱没闲，购买艺术品的目的除了自身爱好之外，更多的是为了分散资产配置——不把鸡蛋全放在一个篮子里。对于他们而言，只要花一点时间投资一些开门见山的顶级藏品，便是非常理性的选择。当藏品需要变现的时候，寻找一个合适的时间和地点，将其拍卖或转让，甚至无需为自己当年的购买成本保密，只要找到个比自己更喜欢这件藏品的买主就行。在一个经济蓬勃增长、资金流动性充裕的时空内做到这点不难，艺术品定价的搏傻理论在此应用最为适合。判断入手和变现的"天时"和"地利"，是这种方式获得投资收益高低的关键。

马家钦作五彩都城坑石
《和合仙》

而多数的爱好者和收藏家，职业多是教师、公务员、企业白领、医生、艺术家等中产阶层，他们有一定的经济实力，有文化修养，也有较多空闲时间，可以将寿山石收藏作为一项业余兴趣爱好来培养。他们通过一定的学习研究，能分辨哪些寿山石具有明显的增值潜力、哪些没有，然后果断入手那些具有投资价值的作品。只有形成爱好，才会去学习研究，学习了就会形成知识沉淀、经验累积，从而量变引发质变，让自身掌握某种技术壁垒——就是人们所说的"眼力"。在收藏行业中"眼力就是生产力"，渐渐地身边就会有朋友请你帮忙掌掌眼、把把关，假以时日就可以做到"主业不断，副业不乱"的完美状态，或是以藏养藏、新陈代谢，让自己的藏品逐渐升级。身边的收藏者交流圈、或是当地的小型拍卖会，都是潜在的藏品流通途径。

对于专业的寿山石经营者来说，他们如果要使自己利润最大化，一定要多争取赚取寿山石的空间价差。其中道理不言而喻，谁不愿意今天花 1 万元买的东西明天就能转手卖掉马上赚到差价呢。如果商家用资金购买寿山石要靠放上一段时间待其增值后再卖掉赚取时间差价，这只能说是一种好的投资，但却是糟糕的经营。专业商家要做的事情就是要想办法提高自己的存货周转率，凭借自身的专业技术和资源优势实现快进快出，让自己最大化地获利。然而现实经营中却极少有这样明晰的界定，也没有任何人能做到这一点，这就像是股票交易中没有人能把股票的每个波段的差价都赚足，绝大部分商家既是在做经营，也是在做投资，他们也会在每天所接受的资讯信息的影响下逐渐调整自己的销售预期，改变石头的销售价格。比如中午刚刚花 1 万元购得一块印章准备卖 1.3 万元，晚上看到拍卖会成交记录中一方差不多的印章以 2 万元成交，于是便会对原先预期进行调整，认为卖 1.3 万太便宜了。拍卖新闻、专家指导、展览活动、朋友交流等各路渠道的信息在市场上狂轰滥炸后，会使得市场中各个圈层的人们形成趋于一致的预期和价格定位，这就无形中减少了人们在空间上的获利机会，于是时间投资有时候也变成了一种无奈的选择。常常有人以较低的成本买到一块不错的石头，本可以马上转手卖掉，但由于受某些外来信息影响产生惜售心理，曾经在销售的过程中由于各种原因总不能卖到心理价位，随着整体市场价格的上涨，他的预期售价也越来越高，于是这块石头在自己手上一放就是好几年。

说了这么多，其实你只要细细品味就会发现，在寿山石交易中以何种方式获利，最关键在于自身所处的藏品流通圈子的差异。"圈子"这个词现在很流行，它已经成为当下人们社会交际的基本单元，甚至吸引到专业的社会学家对其进行专门研究。

每个寿山石玩家都有至少一个寿山石圈子，就是他购买寿山石的渠道。对于石商而言，则一般有两个或两个以上的圈子，形成买卖。不同的圈子有着不同的信息来源、信息质量、交易人群和交易价格。有的玩家只在拍卖会上举牌，有的玩家总是起早贪黑逛地摊，有的玩家则游荡在各个商铺中寻找缘分，有的玩家三天两头往雕刻师家里跑，还有的玩家则穿梭在不同的圈子中……

富豪们常常只参加拍卖会，去逛地摊效率实在太低，既浪费时间而且有失身份，对于他们而言玩石头只要混一个圈子就够了。所以那些只泡在一个寿山石圈子的人们一般只会是玩家和收藏家，买卖过程都通过同一个圈子实现，赚的主要是寿山石增值的时间差价，这样做比较简单也节省时间精力，只要眼光到位，投资回报也蛮可观。然而对于石商而言，一个圈子是远远不够的，他们要赚取寿山石的空间差价，就必须混迹于各种类型的寿山石圈子，圈子间的差异越大，其可获利的空间也就越高。不同的圈子之间有着不同的审美取向和艺术品位，而在同一圈子内的人们相互影响和感染，形成了相似的审美取向和艺术品位。石商们要尽可能扩大自己的寿山石圈子，并准确了解自己在不同圈子中的定位，才能在各个圈子中穿梭自如，雁过拔毛。

郑贤敏作都城坑石《欣欣向荣》

七、定价思维

寿山石发源地福州独享地利，寿山石收藏已蔚然成风，笔者自从事寿山石交易工作以来，常有朋友与笔者咨询探讨寿山石相关事宜，其中谈及最多的一个方面就是为寿山石进行鉴定和估价，也由此常听到有人抱怨说寿山石的价格体系是颇为混乱的，让人无所适从，但事实上，它是有一定范围区间的，其实是有谱的。

寿山石鉴定是一门经验科学，随着一个人对各种石头及工艺接触增多，自然会对各石头在视觉和触觉上的不同表象特征产生印象，从而做出分类判断。只要是在寿山石领域中浸淫数年的人，都会具有一定的寿山石鉴定能力。然而如果让这些专家为寿山石做个价格评估，给出的结果却常常是大相径庭，其价格区间跨度之大甚至超乎你的想象，这也正是为什么目前市场上的鉴定机构只做鉴定而不开展价格评估业务的原因。估价确实是寿山石经营中最难啃的一块骨头，特别是帮别人估价时，许多从业数十年的专家都会婉言谢绝此类委托，因为估价低了容易不经意间得罪人，估价高了对方让你帮忙卖掉自己就吃不了兜着走了，所以给个模棱两可含含糊糊的回答恰是个明智之举，这完全可以参考《一锤定音》节目中专家对各路藏品估价的说辞。事实上寿山石在不同渠道中的价格相差甚大，因为渠道资源的不同导致人们的成本和心理售价都不一样，所以寿山石合理的估价一定是带有一个价格幅度范围的。

为寿山石进行估价虽然困难，却是一个极其有意思的工作，定价这个环节也是笔者认为寿山石行业最具魅力的地方所在。在 2011 年寿山石行情极度火爆期间，笔者曾经有缘与金融界精英人士以及寿山石资深专家一起，筹备发行国内第一支专业寿山石投资基金项目，那时我们试图效仿以往的艺术品基金运作模式，将金融工具植入到寿山石艺术品投资领域，让寿山石艺术品资源与金融资本能够融通。这一初衷让当时所有的参与者都为之心潮澎湃、斗志昂扬，然而在该项目研究触及最核心的价格形成机制时，严谨、保守的金融界思维与浪漫、激进的艺术界思维出现了激烈的冲突，一时间难以调解，使得这一项目一直搁置至今。

笔者在那段时间曾对寿山石价格形成机制进行了较为深入的研究，最后得出的结论是要为寿山石进行近乎标准化的定价是一件极其庞大的系统工程，在目前几乎不可能做到，它的价格受到众多可变因素的影响，大致可分为内在因素与外部因素两部分。内在因素包括寿山石的石种、石质、大小、形状、色彩、瑕疵、作者、工艺、传承等等；外部因素包括交易的时间、地点、包装、经济环境、交易双方人物、交易目的以及交易双方的心理状态等等。

由此大家已经可以想象到，即使是仅仅考虑内在因素为寿山石进行定价，已经困难异常，而且这些因素自身无法形成标准的量化指标，因此试图用数据模型为寿山石框定价格区间的思路目前很难奏效，所以在这个问题上，个人经验又一次顺理成章地成为了市场上定价的主要依据，在可以预见的未来，寿山石的鉴定评估依然离不开专家们的指导意见。

然而如果又只是靠专家经验，各位读者肯定会觉得扫兴，为此本书试图为新人们介绍几种业内人士在潜意识中形成的几种常用的估价体系以供参考。

印章的定价——标准章比对

早期大量的寿山石被作为图章使用，这也是寿山石最正统的用途，许多高品质石材被切成了一块块标准章流向市场。所谓的标准章就是印面对角线长度为一寸（印面边长约 2.3cm），高度三寸（约 10cm）的方章。这种尺寸的印章最便于书画家使用，制成印钮后的比例也最符合人们的审美，因此当时被广泛采用。现在人们评价一方印章在严格意义上是否合规成材依据的仍是这一标准。

我们举个例子介绍一下这种比对定价法：2013 年，在福州本地，一方没有杂质和瑕疵的纯白色冰糖地荔枝栋石标准章在各类不同渠道成交价格区间大致是 50 万至 100 万元——低于 50 万元很少有人舍得卖，而更高于 100 万元

荔枝洞石印章

则很难能卖得出——这时如果有一方标准印章与其形状和质地近似并且在色彩上更胜一筹，我们自然会给予它更高的估价，如果是一方印章品质近似但尺寸略小，我们便会给它更低的估价。

这种比对定价方式是最容易让人理解和接受的，在人们的潜意识中最广泛地被使用着，但它仍然需要买家自身经验数据的积累——多查阅各大拍卖成交记录（即使其中含有水分），多向商家询价对比——当你脑海里的标准比对数据越来越多时，你给出的估价就会越精确。这就像一把尺子，你的数据经验就是尺子上的刻度，刻度越稠密，你的估价自然就越精准。

玺型印章

玺型印章

印章除了高长的标准章型之外，还有一种矮墩的玺型印章，大致上规格超过 4cm×4cm×5cm 的为成材，或说重量在 150-200 克的，也是以方正无缺为佳，这种尺寸的玺章与标准章价格近似，可作参照。

田黄石的定价——关键在品质和重量

田黄石乃石中帝王，其价格自然也是独领风骚，寿山石业内有个说法："只要寿山石的行情有上涨，田黄石一定是率先上涨的石种，并且涨幅最大。"各大专业媒体对于每年拍卖行田黄石的成交价格都倍加关注，将其视作市场行情的风向标。可以说田黄石是寿山石"坑洞文化的"最大获益者，只要鉴定确是田黄石，许多新人不论品质如何都愿意为之买单。

田黄石的价格自古以来就有"一两田黄十两金"的说法，一块田黄石的大小和重量，直接体现了其稀有程度，必然对其价格形成重大影响。以往田黄石的大小以二两（100 克）为成材，成材的田黄石用来把玩或制作印章方显舒适，而一斤（500 克）以上大小的田黄石皆属传世神品，存世量屈指可数，可遇而不可求。

对于如此珍贵的田黄石，人们是以每克田黄价格乘以其重量来框定一块田黄石的大致价格区间，这一定价方式是经过市场的力量自发形成的，类似于钻

郑幼林刻田黄石《酒仙》

林荣基刻田黄石《五罗汉》

石、翡翠等顶级珠宝，品质和重量是影响其价格的决定性因素。

在2013年，一颗成材的开门"正田"（毫无争议田黄石），质地较好的，在拍卖会上每克的价格在3-5万元左右，也有个别拍卖作品超过10万元每克，基本上是重量越大每克单价越高；如果质地稍差或者重量略轻不够成材，每克的价格也要在1万元左右。而对于不够开门的"偏田"，其价格从每克几百元至几千元都属正常，如果重量尚且无法成材的话，价格还要大打折扣。大颗田黄石从来都是稀罕物，人们一般都会寻找委托当时已功名成就的艺术家为其进行创作加工，因此雕刻工艺上的差异对田黄石的价格影响虽然存在，但并不是那么明显。此外，田黄石的形状是否成章型、颜色是否浓正、筋格杂质等其他能影响美观的因素也会对其价格产生影响。

顶级藏品的定价——在自身购买力范围内博傻

对于顶级的寿山石藏品，它们极度吸引眼球，并且存量非常稀少，严重缺乏可比性，用常规的定价思维都不太合适，那样只会导致买家根本买不到心仪的藏品，比较适合的定价方式是相对购买力定价法，或是大胆博傻。

如何用相对购买力定价呢？简单说来就是以物易物的思维。比如说一件清宫流出的田黄石印章要卖1000万元，对于房地产企业家而言，他会将其与10套价值100万元的房产作对比。如果他更喜欢10套房子，他就不会给出超过1000万元的价格来购买这块印章；如果他认为20套房子易得，而这块印章可遇不可求，那么他的心里估价则可以超过2000万元。这种估价方法之所以存在其合理性，是因为在经济快速增长的时候，用货币来判断此类顶级藏品的价值有时候并不是那么准确，人们需要其他更直观的参照物进行对比。并且每个人由于身处环境不同、行业不同、所触及的资源也不同，用一个自己比较熟悉的事物去丈量一个相对陌生的事物在心理上会更有把握一些。

经济学中有一个很著名的理论叫做比较优势理论，它说的是人与人之间、国家与国家之间都有各自不同的专长，这时候通过

寿山石买卖秘笈

互相之间的贸易能够取长补短。打个比方，如果比尔·盖茨亲自去修剪自家草坪，可能要花3个小时，而这3个小时他能为微软公司创造数十万美元的收入；如果请园丁去修剪草坪则只需花费数十美元工钱，虽然要花3个小时以上才能做完，但总体上仍是划算，所以比尔·盖茨不可能自己花时间去修剪家里的草坪，这就是比较优势理论此讲述的道理。

相对购买力归根到底其实就是不同人之间比较优势的体现，每个玩家都有一个自己比较擅长的从业领域，寿山石收藏仅是他们生活中的一项业余爱好。比如说对于某个牙科医生来说，如果帮病人种一颗牙齿能赚到1万元，自己每个月大约会帮人种三颗牙，但是由于平日里工作繁忙，偶尔参加一场寿山石拍卖会难得遇见一件自己非常喜欢的寿山石作品，价格一路追至3万元，这时候他想了一想，这也不过是自己种三颗牙就能赚到的价钱，一个月就赚回来了，如果这次不买下这件作品下一次就不知道什么时候才能遇见让自己如此心仪的作品了，于是他就会继续举牌竞价，以免失之交臂。

除此之外，对于顶级收藏品，由于其品质足够吸引眼球并且严重缺乏可比性，博傻思维在此就可以大放光彩。这是英国著名经济学家凯恩斯集数十年艺术品投资经验得出的结论，另一位经济学家麦吉尔将凯恩斯的这一结论归纳为所谓的"更大的笨蛋理论"——Theory of Greater Fool："你之所以完全不管某件艺术品的真实价值，也愿意花高价买下，是因为你预期会有更大的笨蛋花更高的价格从你手中买走它，而投资成功的关键就在于能否准确判断究竟有没有比自己更大的笨蛋出现。"其实在顶级收藏品投资领域，博傻行为是一种

郭功森刻重达837g的巨型田黄石《群螭戏钱》摆件

維十有一年
皇帝御天下
之十二載也道
被城中咸加
海外六合同軌
荒有截功成
名定時和歲
阜越三月東
延得至于洛
邑肆覲禮
早玉鑾旋
軫度輟亘之
险跋分陕之地
緝惟列聖降
谁大河砥柱
之峰樂立大
禹之廟斯在
晃开端委

1. 2. 3. 北宋黄庭坚《砥柱铭》（局部）
4. 元代王蒙《秋山萧寺图》
5. 张大千《嘉耦图》
6. 李可染《万山红遍》
这些国宝级书画作品在近年的拍卖会上都以过亿元的惊人价格易手。

```
    1
  2   3
4
  5   6
```

简单却又行之有效的方式，这类藏品一般来说都已经过无数专家掌眼，并且传承有序，甚至能查到以往的成交拍卖纪录，信息相对透明有保障，买家只要计算好并支付给卖家合理的投资回报率，就可以将珍品囊括怀中。譬如卖家在 2011 年花 1000 万元购得一件珍品，按年化 10-15% 的投资回报率计算，在 2013 年买家一般会愿意为之支付 1200-1300 万元购得此藏品，如果此时有两位以上的买家对此藏品志在必得，那么卖家就有可能赚到远超过正常经济回报率的投资收益。购买过程既可以根据买方要求在私下转让，也可以在公众和媒体监督下进行公开拍卖。

石秀刻坑头石《居高声远》

成本定价法——传统而有效的定价方法

寿山石行业中是否存在成本定价法？答案是肯定的。然而对于玩家和藏家而言一般不会采取这种定价思路，只有在初级交易市场中的石商才会延用这种传统的定价方法。这也是让各个流通环节的中间商们能够从中牟利的因素之一——即存在"捡漏"的可能性。

对于原石买卖来讲，很多石农获得原石的成本几乎是零，说白了就是当年在山上挖的捡的，从理论上讲他们可以做到给钱就卖，不计成本。

对某些石商而言，他们从石农处购得原石后再请工匠加工，最后根据加工后的效果来决定这块石头的利润率应该达到多少，从而形成定价。这也是一种行之有效的定价方式，他们可以根本不必在乎拍卖会上各类石头的行情究竟是涨是跌，只要计算好自己的成本账就行。这种定价方式对于石商而言，每件作品肯定都是盈利的，只是变现的周期有长有短罢了，那些在其他人看来性价比较高的，可能转眼就卖掉，有些则可能要放在自己手中长达数年方能变现。这种定价方式虽然传统但是却有很强的持续性，目前在某些经营寿山石的国营机构仍然采用这种定价方式。

当然，由于现代信息传播的极度发达，即使是某些大字不识的石农也会知道在终端市场上寿山石的价格情况，对寿山石原石的价值都有了一个重新的认识，所以希望他们以成本定价法出售手中的寿山石犹如天方夜谭，这就如同地产商给自己的楼盘定价时的心态一样，隔壁街的楼盘已经卖到每平方米 2 万元了，即使自己的成本还不足每平方米 5 千元，又怎肯将自己的楼盘贱价出售呢。所以，对于买家而言，在目前的市场行情下更多的时候要淡化成本观念，否则将买不到自己心仪的石头。

八、价格走势

2011 年末开始，受全球范围宏观经济下行调整影响，我国的艺术收藏品市场在登顶之后出现回调，各大收藏品种市场成交量开始萎缩，寿山石市场也不例外，总体呈现出有价无市的景象。各个拍卖行的成交率显著下降，实体市场也是冷冷清清，一片萧条。然而绝大部分寿山石的价格却依然坚挺，有的甚至逆市而涨，许多高额的成交结果遭受业内人士普遍质疑，有些人将这种现象解读为虚假繁荣。

"有价无市"是寿山石市场一个非常有意思的现象，笔者曾质疑其价格是否能持续坚挺，并与具有 30 年以上寿山石从业经历的前辈讨教过这种现象。随着自己对这个问题认识的不断深入，观点渐渐与前辈们达成了一致：只要没有发生战乱或社会剧烈动荡导致资产大幅贬值，无论经济是处于峰或谷，精品的寿山石价格都不会下跌！笔者曾经仅仅依靠经济学供需思维来分析这种特殊的商品市场，后来回想起来感觉当时太片面了，简单的心理分析此时则显得更加有效。我们可以这样试想一下：会花大价钱购买昂贵的寿山石精品的人群，绝大部分都是不差钱的富人，只要他们自身的经济状况不出问题，有谁愿意将自己的投资以割肉方式变现呢？俗话说"杀头的生意有人做，赔本的买卖没人做"，就冲着这一点，藏家便没有理由折价出售自己的藏品。更何况这些寿山石精品交易一般都具有很强的私密性，并且精品之间严重缺乏可比性，也没有公开的大规模交易平台让这些交易信息公布于众，所以对于这些富人来说，无论经济好与坏，他们只需要计算好自己每年应得的投资回报率来为自己的藏品进行定价就行了，事实就是这么简单！更进一步想象一下，很多富人收藏寿山石珍品的初衷是为了合理配置自己的资产，保值增值，并且随着藏品在藏家手中时间的增长，文化因素、情感因素都会融入到寿山石藏品之中，惜售的心态永远会缠绕着手握顶级收藏品的藏家。只要顶级藏品的价格没有下跌，它们的榜样力量会为整个寿山石市场增强信心，所以虽然寿山石算不得人们生活中的刚性需求品，但是其价格却是表现得异常坚挺，价格回调只是我们这些具有经济思维惯性的人们的一厢情愿罢了。所以在经济低迷的时期，人们能感受到寿山石交易量的萎缩，却很难见到寿山石价格的大幅下跌。

从微观层面分析，寿山石商家在经营过程中，买寿山石"吃药"——花高价买烂货——是常有的事，即使是在行业内摸爬滚打了几十年的老专家也会有偶尔吃药的时候。诚然如此，裂纹、内爆等石病隐秘性极高，在短时间的交易过程中常常难以被发觉，花钱买烂货是寿山石交易中不可避免的情况。对于石商而言，这部分冤枉钱都是成本，是成本就要转嫁出去，让羊毛出在羊身上。例如一个人花了2万元买了2块石头，结果发现其中一块石头有严重石病一文不值或是赌石失败，于是另一块石头的成本自然而然要变成2万元了，这种现象必然在微观层面上潜移默化地使得寿山石的价格走势长期走高。

再从宏观层面来看，经济处于增长周期时，人们的对寿山石增值预期随之增强，寿山石宏观市场表现为藏品从商家向藏家群体转移，而经济处于衰退周期时，人们的预期相对较低，变现的欲望增强，寿山石便从藏家向商家群体转移，因为一般来说，商家较藏家在眼光、估值、渠道等方面更有优势，因此在经济低谷时成为接盘的重要力量，商家若敢买，后市则无忧。此处虽然没有直观的统计数据来佐证这一说法，但是寿山石业内的许多资深从业人士都对这一现象深有体会。所以经过上述分析并结合历史经验，寿山石的价格必是在上涨和盘整消化的过程中循环反复，直至出现全社会资产贬值的巨大经济危机。

总的来说，寿山石市场是一个需求弹性很强的市场，与其他周期性行业一样存在繁荣期和萧条期的交替。在经济形势较好的年景里，大家各行当生意好

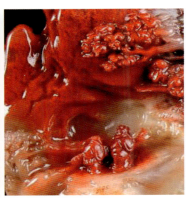

江东海刻高山石
《山水知音》

做了，送礼和收藏的需求也旺盛，加之人们手上闲钱也多，寿山石的生意自然好，温和的通货膨胀也使得寿山石投资成为资金温暖的避风港，各路人士蜂拥进入寿山石市场，增量资金入市后必然会引起价格的上扬；在经济萧条的岁月中，资产价值增值的预期大幅度下降，人们出手趋于谨慎，寿山石总体交易量萎缩，增量资金减少，价格滞涨，此时仅有部分慧眼独具的行内人仍坚持在市场上淘宝，多是存量资金维持交易，市场趋于零和。

附：石市中人

石 农

纯粹的石农，是以在山上采挖原石为生的人。他们常将采得的原石先送往熟络的雕刻师或是石商处售卖，然后再到集市地摊上卖掉余货。寿山石农曾经处于寿山石产业链的最底层，然而随着近些年寿山石市场的巨变，寿山石矿场资源日渐稀缺，"面粉比面包贵"已经成为寿山石行业中的普遍现象，"占货为王"的寿山石农已经不再是曾经的底层劳动力，而变成稀缺资源的拥有者，家家户户的洋房豪车已经足以证明他们当下的生存状态。据寿山石前辈回忆，以往上山采购原石，石农们会杀鸡宰猪热情款待，现在上寿山买原石，如果没有关系过硬的朋友引荐，好石头连见一眼都难，真是"三十年河东，三十年河西"。

那些从小就生长在寿山的石农，由于一直与石头为伴，阅石无数，对寿山石的鉴定能力超强，有些鉴定专家在遇到疑难杂症时，还需要请石农参与鉴定佐证。

马家钦刻高山石《亭亭玉立》全流程

雕刻师

雕刻师是一个人数极其庞大的队伍，保守估计仅福州市本地的雕刻师人数就已达近万名。他们的工作就是"点石成金"，一块原石经过雕刻师的艺术创作之后成为能够为大多数人所欣赏的作品，其内在价值获得提升，这是一个实打实的价值创造过程。然而由于历史、体制和传统观念的制约，目前从事寿山石雕刻的艺人有许多没有获得良好的教育机会，因此整个队伍在艺术创作的过程中少有突破，使得许多寿山石雕作品一直局限于工艺品范畴之中。纵观寿山石行业的历史和现状，大部分雕刻师只擅长雕刻某几种自己熟悉的题材，"一招鲜吃遍天"的雕刻师仍占多数，那些技法全面、极具创作天赋的艺术家仍是少数。由于寿山石的昂贵，如果对于某些并不对路的原材料强加创作常常达不到满意的效果，会对珍贵的寿山石原石造成浪费，资源的稀缺性也限制了雕刻师们进行探索创新的勇气和魄力。

雕刻师在寿山石经营中具有独特的优势，作为卖方，他们能给人第一手出厂价的感觉，使人更加信赖；作为买方，他们的专业技能能够让他们在购买原料环节中获得更实在的价格。正是得益于此，很多雕刻师本身就是成功的寿山石商人，他们不仅赚取加工费用，也赚倒卖石头的差价。

对于别人委托加工的作品，雕刻师一般都根据在作品创作中投入的精力来计算工钱。在经济繁荣的期间，石价和工钱一路看涨，雕刻师则更倾向于接受委托加工别人的原石，因为这样不仅可以赚取更多的工钱，并且自己的存货还能获得增值，一举两得；而在经济萧条的时期，市场价格处于消化盘整阶段，优先加工出售自己的存货，让工钱和石头钱一起赚，才会使获益最大化。

石　商

寿山石商家是目前寿山石交易市场中的绝对主力军，在 2005 年至 2011 年期间，寿山石商家队伍迅速壮大，甚至许多曾经技艺精湛的雕刻师也弃艺从商，当时仅福州市本地的集中交易市场已超过 10 处，商铺林立多达近千家。

专业的寿山石商家一般会通过两种方式牟利。一种是他们的通过专业眼光发现在某些初级市场价格被低估的作品，将其卖到更高级的市场和终端赚取差价，这也是前文所分析的通过赚取寿山石在不同空间的差价获利。另外一种，则是通过购买原石，对原石适合进行哪类题材的艺术创作进行判断，并寻找最适合它的雕刻师进行加工以赚取利润，带有一定的赌性。这个盈利途径的利润丰厚程度完全依赖于商家的眼光、经验和行业人脉，要求商家能够对原石加工的风险有准确的评估，并且能够以合理的价格请到适合的雕刻师为其进行雕刻，而且要让工期尽可能短。很多新入市的商家如果眼光不到位或资源不足，常常是赔了石头又赔工钱，有时候还要搭上人情和面子，得不偿失。而且由于寿山石雕刻类似于翡翠玉石，存在固有的先天性风险，许多老手请人雕刻也并不是每块石头都能如愿盈利。对于有经验的商家而言，10 块原石请人加工后，一般其中 3 块石头加工后的效果能达到预期，4 块石头效果不够理想，还有 3 块完全报废，在这种情况下大约才会有 1 至 2 倍的盈利。因为如果能有 3 块石头经雕刻加工后效果如预期般理想，一般只要卖出这 3 块就能赚回所有 10 块原石的成本。随着商家经验积淀和阅历的增长，其拥有的专业性会使其在市场竞争中更具优势，所以很多高手一看原石就知道适合给谁雕刻什么题材，并预估成品大致能卖多少钱，从而判断出以什么价格购买这块原石才有利润空间。所以他们即使面对当前市场中某些卖家的漫天开价，在购买原石时总是泰然自若、胸有成竹。

市场上不同的寿山石商家的眼光差距是相当大的，对所谓好东西的定义也不一样。一般来说大商家的东西多，他们眼中的普货可能相当于小商家眼中的好货，而且每个商家都有自己的主流产品，有的擅长做田黄、有的专门切素章、有的专门卖原石、有的专营手件……不同专长的商家对不同品种的商品获取的难易程度有很大差异，所以在价格上的定位也有很大不同。如果你去某个以卖古兽手件为专长的商家处购买田黄，那很可能会比去专营田黄生意的商家处购买要支付更高的价格。

鉴定师

寿山石鉴定师是目前市场中看似不起眼的一小部分人群，但在市场中却起到了"四两拨千斤"的重要作用，他们是只认货不认人的狠角色，他们常常拥有一群忠于自己的"粉丝"。

鉴定师必须以较公正的眼光来评判每块石头、每件作品、每个雕刻师，从而向藏家进行推荐，并以佣金或鉴定费作为盈利收入——佣金常常是该件作品估价或成交额的 2% 到 10%。鉴定师有时候需要对自己推荐的作品进行背书，背书的内容可以包括真伪、石种、工艺、价值等所有方面，背书可以是书面的甚至是口头的，这是一种信誉的保证，也正是由于此背书买方愿意支付给鉴定师佣金。可想而知，鉴定师常常是行业内的知名人士、收藏家们的座上宾，他们的专业性具有相当高的价值。

在理想状态下，鉴定师自身不应从事寿山石经营，否则无法摆脱既当裁判员又当运动员的嫌疑，也会降低自身的信誉度。但是在目前寿山石市场环境中，纯粹的鉴定工作并不能带来多少收益，因此从事寿山石鉴定的人一般本身就是石商或雕刻师。

福州寿山石鉴定中心的专家们

收藏家

绝大部分寿山石收藏家是在经济上衣食无忧的人，常常是社会的精英阶层，非富即贵。比较容易痴迷于寿山石收藏的常常是喜欢东方传统文化的人，比如书法家和篆刻家。"诗书画印"作为最正统的东方艺术，自古相生相伴，这使他们近水楼台，与印石结缘、与寿山石结缘，他们是属于寿山石收藏群体中需求相对比较刚性的人群。古往今来许多大书画家都是寿山石收藏家，齐白石和吴昌硕一生的寿山石印章使用量都以百千计数，由此可见一斑。

政府官员和企业家一直以来也都是寿山石收藏的主要人群。政府庞大的行政权力长期干预着市场经济，在日臻完善的法制环境下政企间的利益交换需要一种媒介，魅力天成的寿山石由于其便携、高价、且无从取证，被作为十分理想的礼品流通于政企之间，这种需求使得政府官员和企业家常常会对寿山石多一分了解，从而激发兴趣慢慢成为收藏家。

随着我国经济结构深化调整，各领域的知识分子与专业技术人员将会发展成为数量庞大的中产阶级，包括教师、医生、金融家、科学家等等，他们具有良好的文化素养，在解决了衣食住行等各方面刚性需求之后，艺术品收藏已经渐成为他们生活中的一部分，需求日渐旺盛，今后必将发展成为最庞大的收藏家群体。

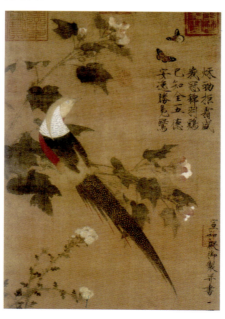

北宋徽宗赵佶《芙蓉锦鸡图》，宋徽宗是第一位将诗书画印融于一体的画家，其创造的这种艺术形式是中国书画艺术史上的一个重大突破。

第二章

买售技巧

一、开　价

当我们去逛寿山石店的时候会发现，展柜里的寿山石商品一般都不标明价格。为什么？因为标价意味着先开价，而先开价会过早暴露自己的信息，从而使自己处于不利地位。尤其是对于那些没有可比性的寿山石精品珍品而言，如果有客人心理对某件作品估价在 100 万元，而店里标价却只有 60 万元，那岂不是大亏！开价是一门极深的学问，开价，即开出了买卖双方可能达成交易的最大空间。卖家如果开价太高以至于超过对方心理价位的数倍，那么不仅会使自己显得没有诚意，而且可能还会吓跑买家，给人留下奸商的坏印象，但如果开得过低又不利于争取自己的最大利润。所以寿山石店一般都不标明价格，店家一般都会根据其察言观色所获取的信息对买家的承受范围有大致判断之后再行开价，以占据有利条件。

在大多数情况下，如果是素未谋面的买家询价，店家会开出高价，这无可厚非，这样卖家既为自己撑足面子，也需要以此试探买家的承受范围，而且开价对于买卖双方的心理都具有锚定效应，这使得后续的讨价还价幅度有了一定的基准范围。打个比方，当卖家开出 1 万元的价格时，绝大多数买家不敢还价说"100 元卖不卖"，这么大的落差会让卖方感觉不受尊重，面子上挂不住。如果买方真心只认为这东西只值 100 元，可以笑一笑表示感谢后默默离开，自认这件东西与自己无缘。

绝大多数古玩店货架上的宝贝是不标价的

寿山石交易中，开高价是非常普遍的。如果开出了高价，一定要试着为自己开出的高价带上一定的理由，这点很重要，因为既然要卖高价就需要信心支撑，而至于是什么理由却并不是那么重要，甚至可以简单成"我就是要卖到这个价"，对于大部分买家而言也颇具说服力！这句话其实是在潜意识中向买家传递一个信息：卖家认可这是件好东西，所以自然要卖高价！待度过开价环节之后，再可以循循善诱地用"稀少"、"难得"、"完美"等各种说辞来作为诠释高价的理由。

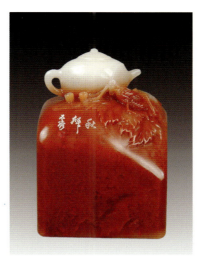

石秀刻都城坑石
《秋声》

此外，细心的朋友也许会观察到，一些有经验的买家在购买寿山石时常常会在一个卖家那里挑选若干块石头一起开价——这就是所谓的"一揽子开价"。他们并不会对其中每块石头单独开价，因为一揽子开价可以创造更大的交易空间，只要开价得当，既可以提升卖方的交易意愿，也会降低买方的交易成本，从而间接提高了成交率，这也是为什么有经验的买卖双方都倾向于"一揽子开价"的原因。

在寿山石交易中还有一个有趣的现象跟大宗商品交易有着天壤之别，就是在交易过程中，针对大部分刚刚接触寿山石的新买家，真正的好东西如果开价太低反而没人买！

这个现象非常有趣，尤其容易发生在新入门的买家身上。越是便宜的好东西反而越没人要？笔者专就这一问题进行了深入的研究和思索，认为买方的心理因素是导致这种现象产生的主要原因。在西方艺术品消费领域有个著名的"凡勃伦效应"，它说的是："人们从使用和欣赏一件高价的、而且认为是优美的艺术品中所得到的满足，在一般情况下，大部分是出于美感名义假托之下的高价感的满足。"也就是说任何贵重的艺术品，要引起人们的美感，就必须能同时适应美感和高价两个特征。因此，如果卖方的开价破坏了这一效应，买方便不会认为这是一件优秀的艺术品，自然不会产生购买欲。从某种意义上说，"凡勃伦效应"是一种心理效应，而不完全是一种经济效应。具有艺术价值的物品带给购买者的总效用不仅包括直接"消费"这件物品所带来的"物理效用"，还包括由于这件物品本身的高昂价格所带来的"精神效用"。所以好东西一定要配上一个好价格——既然是美女就要让她有个好装扮，否则大部分人只会把她当做丑小鸭。

二、讨价还价

一般情况下，向陌生的石商购买寿山石肯定有折扣，幅度多少而已，没有讨价还价余地的寿山石交易在市场上较少出现。折扣的产生意味着两点：一是卖家原本可能的利润空间，二是买家今后的增值空间。所以折扣的产生使得卖方赚到了面子，买方赚到了实惠，买卖双方对于这一行为一般都不会拒绝。以其他类似的投机性行业打个比方，当我们去买楼房的时候，常常会遇到房地产商做活动优惠酬宾，原本1万元每平方米的房价在活动期间能够打9折，并且宣称过期不候。这其实就给了一些炒房投机客一个说法，他们在今后卖房子的时候可以毫无心理负担地挂出1万元每平方米的价格出售，因为毕竟开发商处的原价是1万元每平方米，只是他们当时在购买时撞上了好机会——但事实上也许购房者只要跟售楼小姐谈谈折扣，在任何时候购买都能做到9折优惠。在礼品行业中，折扣也意味着同样的效果，同样花了500元买了两件礼物，一件原价标800元，一件原价标1000元，受礼者肯定都偏好标价比较高的那一个，显得更有面子嘛。而对于送礼方而言，谁不愿意花500元的代价的礼物能达到1000元的效果呢，道理是一样的。这是一种销售策略，在任何行业多多少少都会遇到。

对于某些在店里已经陈列许久的作品，卖家给客人折扣最好要制定一套操作标准，开价也不能随性而开，对熟客和生客应区别对待，否则容易得罪人。"那块石头上周我向他买时，他说非10万元不卖，前天张某过去询价，他9万元都肯卖，据我所知张某之前跟他又没有什么交情，难道是因为他长得比我帅吗？"类似这种调侃话在茶余饭后常有耳闻，虽然如何报价是卖家的自由，但是如果长期不顾忌会影响到自身口碑，不经意间让人家失了面子，不利于经营朋友圈关系。

理性买家在购买寿山石时具有一个普遍的心理：买的东西应该符合市场行情价，不奢望自己能捡漏，但也不希望被宰。他们在购买东西的时候，最容易获得的参照物就是卖家的开价，然而也最容易被这个信息所误导。人们日常的购物经验告诉自己：一般的日常商品利润率在 5%—50% 之间不等，如果卖家打 7—9 折销售，那是卖家让利优惠；如果打 4—6 折销售，那是这个卖家保本甩卖想转行了；如果打 1—3 折销售，那是卖家资金链断裂需要割肉放血回收投资！所以人们在与寿山石卖家讨价还价时，会对卖方给予多少折扣很在意，潜意识中会以此来判断卖家的获利程度，从而对自己购得东西价格的合理性形成心理暗示。

然而卖家如何给予买家适当的折扣，也是相当有学问的，折扣也并不是越低越好，有时候太低甚至会适得其反，卖家在给买家销售折扣的时候，首先考虑的是如何保护买家的购买信心。

有经验的寿山石经营者可能多少都会遇到过这种情况，在向某位刚刚入门的寿山石客人推荐寿山石作品的时候，如果对方对某件作品表示出了极大的兴趣和购买欲望，此时卖家如果想临门一脚达成交易，很爽快地一次性给予买家大于 50% 的折扣，对方可能立马就陷入了犹豫，之前的购买欲烟消云散，眼看就要做成的生意就这么黄了。寿山石交易与股票交易类似，基本面和心理预期都会对它当下的交易价格产生重大影响。上述事件中正是由于卖家给出折扣后对买家的信心造成了消极影响，在毫无征兆的情况下卖家给出如此大幅度的折扣，会导致买家质疑卖家开价的合理性，甚至卖家先前所有推销言语中的真实性都会遭到质疑，买家自然会心生怯意，一旦买家产生"等等再说"或"再逛逛看"的心理，交易的成功率便会大大下降。在卖家报出开价之后，试探性地让买家自己报出一个折扣价，以此判断买家对作品的心理承受范围，然后再向买家开出可能接受的折扣幅度，这是有经验的寿山石商常用的技巧。

刘传斌刻乌鸦皮
田黄石《暮归》

三、心中有价

某石友花了1000元从地摊上淘得一枚寿山石印章，其质地、器型、雕工都堪称完美，唯独章体中有些许黑针，但也无伤大雅，自己对这件作品甚是满意。后参见拍卖会上此类作品成交价格均在万元以上，心中窃喜捡漏，于是心里想"我这东西至少要卖到1万元"。

后来择机将这件宝贝给几个身边的石友过过眼，并说自己很喜欢，暂时还不想卖。几个石友纷纷表示这真是个好东西，估价都是在万元以上，可谓好评如潮，这会儿如果有哪位朋友估的价格低于一万，那真只能说明他不识货。

于是这位石友心里便有了数，决定给几位老顾客瞅瞅，看看如果有人相中它就将之转让，开价一万两千元。结果几个老顾客看过之后，都是只叫好却不还价，有的说自己暂时不需要这类东西，有的说价格还暂时看不到这么高，这让这位石友心里有点发虚——"莫非真是自己开价太高，人家碍于面子不敢还价"。于是在之后接触其他几个不同圈子的潜在顾客时，主动降低了报价，这几次确有人开始讨价还价，有的说"这个我这里能看到4000元，你要给我留点利润空间呀"，有的说"这类型的东西我买过几个，差不多都在5000元左右，你看如果这价合适的话我就收了"，还有的说"东西确实不错，只是不是特别稀罕，如果便宜的话我就收了"。最后，这件作品在这位石友手上以5500元出让，又在第二年的拍卖会上以1.8万元成交。

类似这种故事在寿山石市场中天天都在发生，再平常也不过。每个石友对手中石头的预期心理价位都会随着情况的变化发生调整，就以故事中的那位石友为例，他刚刚获得那枚印章时，根据身边石友圈和拍卖信息为他心理的价格定位做出了初步参考，然而这一价格定位未必符合他自身的变现能力，朋友们看高作品的价格有些是碍于面子——当着货主的面一般都会往好了说，这样人家听了心里舒服——而当真正要进行销售的时候，顾客都希望以更低的价格购买才算得上物美价廉。所以当这位石友真到了要卖石头的时候，他的销售圈子决定了这件作品在他手上出售的价格水平，所以如果他要立即变卖，他自身必须调整自己的期望，否则只能长期持有，守株待兔。这个故事至少告诉我们两个道理：一是人们对石头的心理价位容易受到身边各类信息的影响，这是非常正常的现象；二是每个寿山石玩家都需要弄清楚自己处于什么类型的圈子中，

陈强刻芙蓉石
古狮手件

这个圈子能够流通什么类型什么价位的作品，这样才能让自己在变现手中石头的时候有一个合理的价格定位，否则再美好的价格预期都只是镜中花水中月。

人们的心理预期对寿山石价格的影响是巨大的——"同样还是那批货，同样还是那些人，不同的交易心情，造成了不同的市场行情"，这一道理反映在不同的交易圈子中，寿山石就有了不同的价格变化趋势表现。

在地摊上出售的寿山石，一件作品刚刚加工出炉的时候，货主开出的价格一般会偏高，随着时间的推移，其价格会逐渐下降，因为一般来说随着展示时间的延长，当经过越来越多的人讨价还价却无法成交后，无论石头究竟有哪些缺陷和瑕疵，最终都可归咎于其价格定位偏高，降价是快速出售的好方法，这种价格变化趋势非常类似"荷兰式拍卖"，所以有经验的石友常常会在一件东西长时间没有成交时再去跟货主讨价还价，如此更容易获得较大的价格折扣。而在拍卖会上竞拍的寿山石，其价格表现则截然相反，很多参拍的人会受到拍卖会现场激烈紧张的竞价气氛影响而血脉膨胀，看到别人与自己争抢作品时对作品的信心大幅提升，因为有人抢的东西那一定是好东西，于是疯狂竞价；或是当某件自己看好的作品没有对手竞争举牌，于是便对自己的判断产生了质疑，不敢参与竞价导致流拍，从而错失机遇。所以在拍卖的过程中，参拍者在现场短时间内都会快速调整自己对作品的价格预期，没人争抢的东西价格预期下降，有人争抢的东西价格预期上升，绝大部分人都是如此，即使有些人在参拍之前已做足了前期功课，设定了最高价和最低价，也挡不住拍卖现场的氛围对自己理智的冲击。这就与股市中人们追涨杀跌的行为一模一样，可谓是江山易改本性难移。

因此，许多有经验的石商会采取一些方法，人为制造出"好货不等人"的假象，诱使买家快速决断达成交易。比如当你去店铺里面买寿山石时，看上了两件比较满意的作品，但是在价格上还拿捏不定，回家经仔细盘算之后，待第二天再去那家店里与老板切磋一下价格时，老板告知说其中一件昨夜已经被人买走了，深表遗憾。此时的你还能够淡定地抵挡住美石的诱惑吗？这常常会让你的潜意识中感觉再不快点出手另一件又会被别人抢走了，一旦有了这种心态，在成交价格上就无法获得更多的折扣空间。

四、货比货

虽说寿山石每个都是孤品，每件作品都不可比，然而在真正交易过程中，越是好货越是需要拿出来比一比，遛一遛。不对比对比，怎知它究竟好在哪里！所以在高端寿山石精品交易中，买家常常需要花时间去调研市场，不会轻易下决策购买。当自己在市场上转悠了一大圈后，如果日思夜想的依然是它，甚至为之夜不能寐，在自己的经济能力承受范围内也确实找不到比它更值得购买的石头了，说明它与自己有缘，那就果断出手吧——这道理就好比谈恋爱结婚一样，她看上你的时候你也看上她了，那就果断在一起吧，永远不要抱着"会不会有下一个比她更好"的心态，如此浪费的是自己的青春——即使真有更好的，她也未必会看上你。

常言道"红花还要绿叶衬"，许多寿山石卖家会寻找合适的石头作为陪衬把当前真正想卖的石头卖出去。有经验的石商常常会做这样的事情：客户求购某个价位的寿山石，自己手中有甲和乙两块石头都不错，估计符合客户的要求，客户可能会喜欢，然后再找两个比甲和乙略差的石头丙、丁一起给客户看，在开价的时候丙、丁却比甲、乙略高一些，此时甲、乙的性价比则凸显出来，只要自己略加推荐成交率便大大增加。即使客户实在没看上甲和乙，却对丙、丁感兴趣，那也无妨，因为出售丙、丁的利润更高。这种现象其实在各种环境的交易中都多多少少存在，就看你遇到时能否识别得出来。

"金无足赤，人无完人"，寿山石极少有十全十美无可挑剔的，甚至被世人奉为至宝的乾隆皇帝田黄石三链章也存在瑕疵。自然界孕育出的东西，多多少少都存在一些瑕疵，只要是瑕疵，人们就能看得见，常常无法回避，交易中当买家关注到石头的瑕疵时，卖家不可能瞒天过海否认瑕疵的存在，否则有悖于诚信经营，是属于制假售假范畴了。对此，诚信经营的卖家只有四字不二法门——"避虚就实"，多将自己这块石头的优点去对比其他石头的缺点，多赞美石头的优点将买家的注意力从缺点上引开，这样就能在买卖过程中占据主动。石头的优点即使夸大十倍形容得天花乱坠人家也不会反感，优点依然是优点，我们只是多了一份发现美的眼睛。人家说你这块石头没有巧色，你可以说这块石头质地一流；人家说你这块石头杂质太多，你可以说这块石头工艺精湛；人家说你这块石头不够饱满，你可以说这块石头纯净无瑕……当石头的缺陷实在难以回避时则还可以对买家说："如果没有这个缺陷，我这块石头就不是这个价了，至少要卖到 XX 元。"屡试不爽。

即使某块石头一无是处，石质很差、杂质又多、格裂又多、雕工也差、块头又小、器型又差，你总能找到一块在某些方面比它还差的石头来衬托；如果实在找不到，那它还有最后一个优点就是：价格便宜呀！在此，营销学中有一句话甚为贴切："没有卖不出去的货，只有卖不出货的人。"

陆祥雄刻高山石
《硕果累累》

五、愿者上钩

　　一位已经"得道成精"的寿山石专家分享经验：从事寿山石经营的最高境界并不是要极力去推销手上的石头，而是要做到让人求着你把石头卖给他——就是所谓的"愿者上钩"。

　　事实也确是如此，一般人购买寿山石极少是由于卖家的极力怂恿而掏钱，特别是那些昂贵的寿山石精品，即使当时在卖家巧舌如簧的推销技巧影响下掏了钱，拿回去之后也未必会一直称心如意，这样的经营方式很难将买家发展成为长期客户。而有经验的石商都知道，正是那些对石头如痴如醉的回头客才能够真正带来丰厚利润。培养客户对寿山石收藏和投资的兴趣才是真正激发客户购买欲的王道，至于具体某块石头如何美丽，时间长了玩家自己会发现。

　　所以对于寿山石经营而言，卖家不必去多费唇舌推销某件作品，而是要激发顾客对寿山石的兴趣，对方的兴趣上来了，看上哪件东西就卖哪件，每块石头都有它们各自的美，只是不同的人有不同的眼光罢了。对于想以寿山石作为投资渠道的人，可以向其介绍购买寿山石如何能保值增值；对于想将寿山石作为礼品送出的人，可以向其介绍寿山石作为礼品的各种优点，常常能够起到花小钱办大事的效果；对于想提升品位彰显身份的人，则可以向其介绍寿山石从古至今的皇家血统，以及当下寿山石收藏圈子中的名流显贵，让对方认可其确实是与众不同；当然，在合适的时候绘声绘色地介绍一些博大精深的寿山石文化，对于"增欲"来说总是有益无害的……

陈宏祥刻焰红石
《北极熊一家亲》

　　在高端寿山石交易中，一方是手握重金的买家，一方是待价而沽的宝贝，在理论上双方之间是有吸引力的，宝马配英雄嘛。对于顶级寿山石作品的交易，买卖双方谁掌握了主动权，谁就赢得了话语权。这就像是谈恋爱，只要谁先看上了对方，谁就得千依百顺、处处妥协。

所以对卖方而言，不能让人感觉自己是在推销东西，一旦让对方产生这种感觉，先不说生意能否促成，即使对方愿意购买，成交价格也不会让卖方称心如意。高端寿山石买卖毕竟不是卖猪肉白菜之流，卖方一定要有一种好货不愁卖的姿态，才能为交易价格打开向上空间。对买方而言，则轻易不能让对方认为自己对这件东西有非买不可的冲动，而要有一副阅石无数、爱买不买的姿态，控制自己的占有欲，一旦暴露，就会被精明的卖家察觉，多掏银子自是不在话下。其实这就像是一场博弈，所以买家常常要经过几日数番貌似无心的讨价还价之后，才能探得卖家心理的最低价位，从而做出购买决策。

对于有经验的卖家，可以通过买家的一些行为细节来判断其对作品的兴趣程度，最简单也容易把握的就是观察买家对作品的关注度，也就是如果某个买家目光在某件作品上停留较长时间，或是在欣赏作品时瞳孔放大，就说明他对这件作品感兴趣。这时候就可以有的放矢地给对方下点套了。最常见的比如："你真有眼光，一挑就挑个万人迷"、"你很懂行的啊，会看上这件东西"诸如此类，夸了石头也夸对方，既增强了买家购买的信心，也为自己开出高价做个铺垫。有些时候还会听到类似这样的话："这件东西我暂时不想卖"或是"好几个人出过价格了，但我都舍不得卖"，都极具杀伤力，新手玩家一听这话潜意识中就会觉得这肯定是件好东西！并且卖方言下之意就是如果把它卖给你，完全是你有面子啦，而且会让买家有种横刀夺爱的感受，自然愿意支付高价。新手玩家唯有多看货，多看好货，多询价对比，对何石何价渐渐心中有数，才能面对"真情"果断出击，面对"孽缘"不为所动，畅游江湖而不上钩。

六、察言观色

有一次，笔者在一个朋友的寿山石店里做客聊天，这时候店里进来了一位客人，在货柜前转悠了一圈之后，向我朋友询价一块石头，我朋友便上前打开柜锁，将石头取与他细看。这位客人从兜里掏出手纸将石头表面保养油擦拭干净，并掏出了手电筒仔细检查了几分钟后，再次向我的朋友询价，我的朋友便开出了3万8千元的高价（在笔者看来是高价）。

"哟，3万8，有点贵啊。"

"怎么会！这个可是琪源洞杜陵的，现在难得一见了。"

"你看这个块头又不大，而且这里这么明显的红筋两道，还有这里的黑针，你看。"

"这块个头虽然小，但是质地是一流的，而且颜色这么黄这么纯的琪源洞杜陵现在根本找不到，3 万 8 这价格很实了，而且如果没这点黑针就不止是这个价了。""你看我这里那块坤银洞杜陵块头比这个大，红白巧色的，只卖 2 万 5，质地不一样。你看这块雕工，这是陈 xx 老师刻的，他老人家现在动刀都要 2 万起，工期至少要等半年，你看我那边那个芙蓉的'童子拜观音'，个头稍微比这个大一点点，还没巧色，也是陈老师刻的，那个实实的要卖 8 万，一分钱一分货。"

"那你这块最低卖多少钱？"

"你眼光很好啊，我看你很识货是个行家，价格都没敢开，如果真心想要，我也让一步，就算 3 万 3 吧。"

"2 万 8 行不？第一次跟你买，再优惠点，交个朋友，以后还来你这关顾。"

"噢，这个价格真做不来，差得比较多，3 万 3 已经是很优惠了。再低了就要亏本了。""要不你看看那个红白巧色的杜陵会不会喜欢？那个如果喜欢，2 万就能给你怎么样？"

"那块虽然也还算不错，但我不是很喜欢。"

"质地这么好，雕工又这么好的石头很难见了，我这店里卖完这块也没了，这块是前不久刚刚拿到手的，在我这店里才摆了两星期不到，而且这种好货被人买走只是迟早的事。"

"东西的确是不错，让我再考虑一下。"

那个客人离开店铺后大约半个小时，又转回了店里，又经过一番讨价还价之后，以 3 万 1 千元的价格买走了那块石头。

后来，笔者跟朋友继续喝茶时一直在回忆刚才的点滴细节，让我不得不佩服这个家伙的道行之深，并将这段经历和笔者当时的分析记录下来与大家分享：

这位客人进店后目光只停留在好货上，而且懂得看石头要擦干油并用手电筒检查，一看就是稍微懂点行的人；他会跟你指出那块石头的缺陷，说明他真心看上那块石头了，剩下的只是价格问题，因为人们对不感兴趣的东西多数都是说"很好"敷衍了事，而不会花时间去向店主指出石头的具体缺陷，这样做的目的其实就是为了还价。

那块红白俏色杜陵和芙蓉"童子拜观音"都只是店家用来比货的陪衬，店家心里知道这位客人肯定不会买它们，所以前一个报价低点用来佐证店家说的"质地好价格贵"，后一个报价高一点用来证明陈老师的雕工是多么难得，多么有价值，但这两件东西都是充当比货的炮灰而已。

黄建乐刻水洞高山石
《古兽钮章》

最后那句话最歹毒，这临门一脚告诉这位客官"好货不等人"，"花开当折直须折，莫待无花空折枝"，喜欢的话就抓紧了！笔者曾经也深受此类言语迫害，折损不少银两，深知其厉害！

通过察言观色来获取交易对手的信息，从而判断交易对手的心理，据此随机应变地作出不同的交易决策，这是每个寿山石交易参与者都需要重点培养的技能。我这位朋友利用娴熟的交易技巧与这位懂行的顾客如愿以偿地达成交易，结局可谓是买的称心，卖的舒心。佩服！佩服！

七、私密氛围

中国有句老话叫做"财不外露"，自古以来因不慎露财引起歹人惦记而遭遇杀身之祸的大有人在，因此中国人讲求低调内敛，这是中国几千年文明传承下来的正统文化理念，是一种经验和智慧的结晶。因此，达官显贵们在处理此类需要露富的事情时，也常交由一位信得过的商家出面打理，自己就无需抛头露面。

高端的寿山石交易历来都是在极为私密的环境下达成的，即使是在拍卖会这样公开的场合中，买卖双方的身份也都极具神秘感，新闻媒体在此时则常常被利用成为佐证交易的工具，他们只是将表面上的交易情况公布于众罢了。在大多数私下交易中，一般是两个人一对一，有时候在买卖双方不方便碰面的情况下，还得请个双方都信得过的中间人，这是对买卖双方个人信息的一种保护，是一道防火墙。

除了买卖双方的个人隐私需要保护之外，有时候交易的细节信息也需要保护。在此举个简单的例子，很多人购买寿山石是作为馈赠礼品，如果挑选的作品能够符合对方的喜好，常常会起到事半功倍的效果。譬如某人花1万元购买寿山石送给上级领导，只要这位领导喜欢这件东西没准心里的估价会更高，于是某人便可理直气壮地向领导拍胸脯说是花了3万元买的，这就有一种花小钱办大事的效果。但是如果在之前交易时有太多人在场知道这件东西的成交价，那就增加了信息泄露的风险，万一领导通过某一途径知道他只花了1万元买的东西却忽悠领导说是3万元，那可就惨了。虽然送的东西是不错，但总会觉得这人不够实在反而不讨领导喜欢，结果赔了夫人又折兵。

其实，国人在做收藏时常常有一种情结，自己真正的好东西是不愿意被别人看到的，除非是关系特好的朋友，或特别重要的贵宾。当你将客人领进较为私密的空间中，输入密码打开保险箱，取出层层包装的寿山石精品时，立马可以让对方产生一种备受尊重的感觉，这种私密的氛围对卖家进行销售是有一定帮助的，而且在这种环境下也会减轻推销的难度，至少搞定眼前的这一个人就可以达成交易，不用让自己舌战群儒。

了解了私密氛围对交易的重要性之后，买卖双方都需要各自尊重对方的隐私需求。如果卖家在自己的店铺里正在与客人商谈交易细节，此时突然有其他人进入店铺，卖家可以控制一下交谈的节奏，待新进客人离开店铺后再继续。如果是买家正在逛寿山石店铺，进店之后看到店主正在跟几个人商谈，并且对方没有起身接待的意图时，就可以知趣地先行离开，再另择时机登门拜访。

马家钦仿周宝庭刻金沙地善伯洞石《狮子戏球》手把件

八、潜规则

寿山石作为艺术收藏品中的一个门类，与艺术品、古玩、珠宝等行业存在许多共性，某些在古玩行业中的潜规则也就潜移默化地渗透到寿山石行业中来。这里笔者简单介绍一些行业必备常识，以供新入门的寿山石爱好者们参考借鉴。

首先，新手们总有机会认识一些行业中的专家朋友，如果聊得投缘，有时候自己想买石头还能有幸请专家朋友一起逛市场帮忙掌眼。当你和你的专家朋友一起逛市场的时候，尽量不要当着卖主的面，一个劲地问你的朋友这个东西好不好啊、价格多少合适啊、我买还是不买啊等等问题，因为在这行里是很忌讳当着人家的面评论人家东西不好，或者东西是赝品等的。如果不管不顾地乱问，会让你的朋友非常尴尬，尤其是在你的专家朋友和古玩行的很多卖家都很熟悉的时候就更是如此。如果你的专家朋友与卖主的交情更深，反馈给你的信息还会让你自己做出错误的判断。

其次，不要借着朋友的关系砍价格，这种情况一般是指和同逛的朋友不是非常亲密的情况下，往往都是因为有共同的收藏爱好才相识的藏友，能够陪你一起逛给你掌眼把关已经是很难得的了。有很多新人不了解规矩，只知道自己的这个朋友在这行里很有名气，买东西的时候就要卖主看在你朋友的面子上给优惠价格，这样的做法是很不可取的。这种做法会让你的朋友和卖主都非常尴尬，可能一次两次会让你如愿，不过以后可能就不会有人愿意陪你一起逛了，或者以后知道你的卖家给你报价的时候就高开许多，到头来损失的还是你自己。

新手去逛市场的时候，还价一定要谨慎，因为一旦还价，卖家只要同意成交，那么交易就必须达成，如果反悔的话会让对方感觉你出尔反尔，失去诚信，那么今后就不会再有交易可做了，这就是所谓的"出价不买，行内大忌"。当然有一种情况可以例外，就是你对某件作品第一眼感觉很好，还没拿起来仔细端详，便向店家询价，待店家开价后随口还了个价格，如果店家答应成交，那你此时尚可再拿起作品仔细检查是否有缺陷，如果确实存在某些缺陷，是可以放弃交易的，这种情况卖家一般不会太怪罪。但是如果你的还价是在你对作品情况充分了解之后给出的，那就没有反悔的余地了。

玩寿山石没有从不买到假货、烂货的，而买到之后基本是不能退货的。玩家常常会遇到一种情况就是买的时候没有发现的内爆、裂纹等石病，而买回家后暴露了出来，这种情况也是没法退货的。这有点像银行里的"钱款当面点清，离柜概不负责"的霸王规则。发生这种情况时，买家首先不能指责商家在售假，因为商家的货常常也是从其他渠道购得，他也完全有可能被上游蒙蔽。其次玩家也不能指责商家隐瞒裂纹等瑕疵，因为商家完全也有可能不知情，特别是寿山石经营中，高温和暴晒都会增加寿山石开裂的风险，为了对珍贵的货品进行保养，很多货都是"油里来，油里去"，即使玩家去找商家评理，裂纹是原来就有还是后来产生的都无从取证，所以说是"买卖全凭眼力，真假各安天命"，东西成交之后真假好坏一概不再负责。当然，现在市场上也有两种情况是给退货的：一是在购买时卖主主动承诺在售后一定期限内可退货；二是在涉及大块田黄石等贵重物品交易中，买家买了假货，并经多位行内人士确认为假，这时候如果能找到原卖主，迫使卖主承认，则应该给退，但是一般情况下不会退全款，这就要考验买家的手段如何了。而如果东西是真的，买家买了以后后悔了，卖主有权不退。还有一种情况是，无论东西是真是假，买主买回家后由于自身原因损坏了东西，没有保持原样，这是肯定退不了的。买假和退货始终伴随一个新手在这个行业中从幼稚走向成熟。

林义澎刻芙蓉石
《双狮戏球》

九、行话暗语

寿山石行业既然像古玩行业一样有潜规则存在，也必然如其存在许多行话暗语。新手去买寿山石如果听不懂暗语，轻则被人一眼识破功底，重则得罪商家、得罪朋友。

在诸多行话当中，最重要的莫过于讨价还价的措辞了，譬如有一次我陪一个新入门的朋友去逛寿山石地摊，他相中一件东西便向老板询价，老板开价4000元，根据"福州价，砍半价"的原则，我的朋友便还价"2000元卖不卖"，老板听过之后很温和地接了一句"这个东西别人出过价3000元了"，我的朋友没有理会意思，继续还价"2300元成不"、"再给你加200元，算2500元吧"。老板无奈只好一直摇头说"成本都不够"。我后来将朋友拉走后便跟他解释，因为这个老板跟我是熟客，刚才见我在一旁所以开价相对比较实，他说"这个东西别人出过价3000元了"，意思就是这东西要卖3000元左右，如果便宜也便宜不了多少，我的朋友这下才"会意"。其实诸如"这个东西别人出了3000元我没卖"、"这个东西我是3000元买来的"，这些我们在市场上常常听到的话都是表达同样的意思，就看你是否"意能会"。如果"意不能会"只会给自己平添许多尴尬。

曾几何时，笔者在道行尚不深的时候拉了某个资深专家一起逛市场，相中了一块石头，正欲询价，专家在我身后淡淡用方言说了一句"这是坐火车的"，

黄功耕刻田黄石
《三罗汉》

石秀刻善伯洞石
《九如》

当时我并不"会意"，直到买回去之后跟藏友们分享时，其中一个老手脱口而出"这是坐火车来的"，我才恍然大悟自己买的原来不是寿山石，而是冒充寿山石卖的外省石。"坐火车来的"意思就是"不是正宗的寿山石"，其实形容得挺形象，如果当时自己的悟性再高一些也许就可以少花一分冤枉钱，少交一点"学费"。

每个收藏品行业中的行话都丰富多彩、各有特色，玩家需要时间和阅历的积淀才能悉数掌握，市场中的人们也能够通过你是否能够听得懂行话来判断你的道行究竟有多深，其重要性不言而喻。

除了行话之外，许多暗语也是新手朋友们必须了解的。

还是说逛市场看东西的时候，假设你进了一家店，店里几个人在谈话，你一进来看东西，人家不讲了，这时候你就要注意，人家有可能是在谈一笔买卖，一般是不想让人知道的。如果几个人直盯盯地看着你，你就要知趣地出门，如果你意识不到，人家会进一步暗示你，比如你看个东西问个价，人家会直接告诉你这东西不卖，问另一件东西，依旧回答不卖，那就是很明显的要请你出去的意思啦。

在有朋友陪同的时候，假设你选了一件东西想请朋友帮你把把关，很简单，只要把东西放到他手里，等他看完，如果东西好、有价值，他就会直接帮你问价格，如果他看完后把东西交还卖主，那就什么都不用再问了，起身走人是也！

再比如，你刚买了件东西急于想知道真假好坏，尤其是涉及田黄石真伪鉴定的时候，找了个行里的朋友主动给人看，并让其断断真伪。以下几种情况均属于坏消息：对方看后还给你，一句话也不说就走了；对方看后还给你，开始和边上的朋友聊天；对方看后还给你，然后开始问你买这个东西的经历，比如从谁那买的啊，多少钱买的啊，啥时候买的啊等等；对方看后还给你，然后说这个东西我看不太懂、不会看等等；对方看后还给你，然后对你深情一笑……总之，如果人家回避正面回答你的提问时，你就应该心里有数了。

之所以寿山石行业数百年来会形成这样的潜规则，完全是由于这个行业特性引导的自然演变的结果，在这个处处充满陷阱却又注重诚信的小圈子里面，口碑和信誉是大家生存的关键，有谁会愿意在这个行业中得罪人呢。

寿山石买卖秘笈

十、佛靠金装

常言道"人靠衣装，佛靠金装"，寿山石要想卖上好价钱，包装极为重要，而且越是接近高端市场，包装成本在其最终售价中所占的比重就越大，因为在高端市场中，许多客户花钱买的并不仅仅是商品，而是一个文化、一种品位、一类身份。

同样的一块石头，在地摊上用旧报纸一包售价是500元，店铺老板买回去后为之配上一个鸡翅木锦盒就能买上5000元的价格，这是稀松平常的事情。包装的目的很简单，就是要给买方一种心理暗示：这块石头值这个价格。因为对于外行人而言，包装的成本对于他们来说相对容易评估，他们需要根据作品的包装来对作品本身的价值进行估量，这种思路具有逻辑上的合理性。寿山石的包装除了狭义的外盒包装，还包括所有能够烘托这块寿山石内在价值的各种手段，也就是广义的包装概念。

纵观历年来寿山石拍卖会图录中的内容演变就会发现，早期的寿山石拍卖图录，无非就是为石头拍个照，注明起拍价、作者、规格尺寸等基本信息，到后来逐渐发展成为各个角度清晰照加上局部特写、作者简介再加上创作思路、收藏家或评论员单独对该件作品的点评，有时候还得附上鉴定证书、作者合影等等，内容越发丰富，描述也越发细致翔实，这一切无非都是为了证明这件作品的内在价值，激发"石欲"，让人们有信心将拍卖价格举得更高。

诚然如此，寿山石作为收藏品，一件作品如果能由一位大名鼎鼎的艺术家为其煞费苦心地进行创作、能拥有一段伴随其自身的动人故事、能够在某个公开出版物刊登或在媒体上高调亮相、能有幸与某位名人合过影或有过某种缘分等等，这些包装都确能为这件作品增色加分。

同一对奇降石龙凤对章在不同包装条件下的对比

如何展览展示寿山石作品也是一种极为重要的包装形式（图中作品作者依次为林文枝、林敬华、周鸿、周高生）

在现实市场中，某些寿山石营销老手总能为手中的宝贝制造出一些说法，让其显得有内涵。比如高手在推销的过程中能即兴围绕手中的作品编出一段动人的故事，或是将作品本身隐含的寓意和创作思路阐述得淋漓尽致，甚至有时候能人为地为作品制造一种神秘感吊起对方的胃口，譬如从店里隐秘的保险柜中掏出一个残破的包装盒，用来烘托作品悠远的气质。在这种攻势下绝大部分人都会隐隐心动，新手们更是常常在一时间难以抵挡巨大诱惑，直到东西买回家后赏玩上一段时间，会发现自己对这件作品的喜好在慢慢减淡，反思起来又是一次冲动消费。归根结底，故事归故事，东西归东西，故事即使再动人，东西也一定要好，而且真正的好东西根本不怕身上没有故事可讲。

十一、信为本

本书开篇已经谈及"信"在寿山石交易中起到了至关重要的催化作用，市场中总有说不完道不尽的故事围绕于此，映射出"信"的重要性。

面对同一个买家，一块石头在石商甲手中只能卖到 10 万元，但是放在石商乙手中可以卖到 20 万元，这一现象在寿山石业界是很常见的，很多长期从事寿山石经营的人都承认这一点，但是却未必能参透这一现象背后的本质原因。很多人会将此归结到交际圈子的问题，的确如此，但是圈子只是表象，更深层的是买家心中对这次交易"信任度"的差别。同样一块石头之所以在乙手上能卖出更高的价钱，说得简单些其实就是那位买家更信赖乙罢了。除了买家对卖家的信任之外，买家自身对交易的信心更是重要，特别对于新手而言，这种信心很容易受到外力的影响而发生巨大波动。我们常常见到新手买家在对一笔交易犹豫不决的时候，此时如果有朋友或专家在一旁给出适当建议，或者有第三方竞争者参与竞价，都会对交易产生促进作用，我们见到拍卖会中要么极度火热要么异常冷清的两极现象也是成因于此。

笔者刻 "信心是金"

寿山石交易说白了就是一种"欲"与"信"的经济，"欲"是交易的基础，许多商家对如何激发买家的购买欲已经颇有心得，但是对于高端的寿山石交易而言，仅有"石欲"是远远不够的，还需要"信"这一催化剂，它既来源于买方的自信，也可以来自对卖方的信任，或是第三方可信的外力。每一笔高端寿山石交易都是在这三股力量合力作用下促成的，任何有利于从这三方面增强信任感的方法都有助于促成交易。因此对于卖家而言，除了"增欲"之外，销售的精髓也就在各种增信措施上了，不止寿山石如此，放眼其他艺术收藏品门类也都大同小异。本书在此将重点展开，从三个不同方面为读者们介绍一些常用的增信手段——气场增信、做局增信、互动增信。

1. 气场增信

在众多类型的寿山石交易市场中，地摊的东西卖得相对便宜，店铺里的东西卖得略贵，高级私人会所或艺术馆里的东西则更贵。没有人会将林清卿的作品放在地摊上卖，也不会有人轻易相信自己会在地摊上撞见林清卿的作品。为什么？这就和 Armani 的服装绝对不会放在普通的百货商店售卖是一个道理，它一定要放在自己高端大气的品牌店内，才能卖上好价钱。好东西一定要配上一个合适的环境来衬托它的身份，商家不能寄希望于买家都有一双慧眼能够识得自己手中的灰天鹅。

如何营造一个高端大气上档次的气场，赢取顾客更多的信赖从而促成销售呢？

首先要考虑的是交易平台的搭建，诸如开网店还是实体店、店铺如何选址、装修投入多少、布置风格如何、主营产品的定位等等。然而这些问题却不是本书主要的讨论范围，因为每个人自身面临的情况不同，作出的选择必然也不同，而且不同类型的平台有着各自的特点，每种平台都有成功的案例，甚至如QQ群、QQ空间等简单的应用都孕育出了一大批成功的艺术品商人，卖家要根据自身实际情况选择搭造一个适合自己的平台。

在增加气场方面，本书在此只介绍一些常规技巧，以供玩家们参考。

善于打造气场的人会利用很多道具，比如在店铺的黄金位置摆放一件极其抢眼、人无我有的镇店之宝，或是悬挂一些名人书法、字画、与社会名流的合影，都是比较常见的方法。如果能够有艺术家、专家或社会名流成为店铺中的常客，效果则更好。

在卖家自身的能力范围内，备货的数量要尽可能多，因为货的数量可以透露给你的顾客很多信息，其中潜台词包括店铺每年可能的成交额、资金实力、顾客的可选择性、本店铺所对的受众群体等等。一般情况下，货越多越会增加卖家的销售气场，尤其是在面对新手的情况下特别有效。这一点在网上商店体现得最明显，当鼠标滚轮转动下琳琅满目的货品占据眼球时，似乎已经让人感觉到了它的"实力"和"信誉"。

如果条件允许，卖家一定还要备一些好货，好货是最容易说明问题的展示道具，既能够省去一番唇舌，也是增强气场的利器，就像有些人开豪车住豪宅的目的更多是用来彰显实力以降低商务沟通的成本。但是好货并不是都要拿出来给人看，何时需要展示好货，以及如何展示好货能够达到最佳效果则需要一定的技巧。

寿
山
石
买
卖
秘
笈

福州寿山石文化艺术品产权交易所展示厅

Armani 品牌店
打造的气场

气场增信是最初级的增信手段，除了依赖硬件创造的环境气场外，卖方的个人气场也同样重要，包括卖方自身的知识积淀、文化涵养、背景资历、经济实力等，有些人的一言一行能够让人感觉极具涵养甚至超凡脱俗，或是有些人极具亲和力的沟通技巧也可让对方快速产生信任感，但这一切都只能量力而行，无法强求。

2. 做局增信

做局增信是增信方法中的一种高级手段，是一门深奥的学问，就像是周瑜设计让蒋干盗书那样，让局中人信以为真从而达到目的。寿山石交易中的做局更多的是为了保护或者帮助顾客增加交易的信心，它是一类特殊的经营文化，是数百年来从古玩行业沾染习得。

先前提到的比货手段就是一种寿山石交易中常见的局。精明的寿山石商家在展示自己的商品时，常常是好货烂货一起摆出来，这样可以让卖家对买家的眼力迅速形成判断，而且清一色只摆好货或只摆烂货都不利于促成销售。如果清一色只摆烂货，买家很可能都看不上眼，觉得卖家没实力，甚至造成以后再也不光顾的严重后果，损失一名客户。如果清一色只摆好货，买家常常会将眼光一下子拉高，俗话"货比货得丢"用在此时再恰当不过，最好的那几件东西以及它们惊人的高价格会给客人留下非常深刻的印象，但是极难在短时间内真正促成销售，除非买家本身就带有很强的目的性。因此，在通常情况下，寥寥几件好货搭上一批普品向买家展示时，交易往往更容易促成，道理很简单，好货只要拿普货一对比就分外抢眼，只有这样才会吸引眼球，会让买家心动，心动之后才进入实质性的议价阶段，才会让好东西真正有机会与买家结缘。而且这样的展示策略还会给买家一种好货真稀有的感觉，真是买一个就少一个，增

马家钦刻坑头石
《七星羴》

加购买冲动。

如果买家是有一定目的性和针对性的，那卖家就要根据买家需要什么档次的东西，选择拿什么档次的货出来，卖家尽量不要超出买家所需要的档次，否则会让对方眼光提高，使得对寿山石的欲望和自身支付计划出现矛盾，打击购买信心，从而使交易流产，那可真是太不明智了。笔者就曾见过此类事情的发生，客人本来只想买个大几千元的东西用作随礼，结果店家却推荐了好几件数万元的好货，让客人最后对几千元的东西看不上，几万元的东西又舍不得花钱买，只能望石兴叹，不了了之。

在做局手段中还有一种"狠毒辣"的局，效果极好，就是回购增信。比方说卖家在先前达成一笔交易之后，过一段时间向买家询问是否愿意加价让卖家回购原先那件作品，不论最后回购是否会发生，都会产生巨大的增信效果。这是一种极强的增信技巧，需要一定的客观条件才能实施，比如确实有新客户向卖家询问曾经那件作品并有意高价收购，或是卖家断定买家十分喜爱肯定不愿意割让，或是卖家自己确实想再度持有。其实一般来说，卖家如果向买家提出这种回购要求，除非回购价异常吸引人，否则买家十之八九都舍不得卖出，反而会增加他对这件作品的喜好，并且对卖家的信誉更加认可——"当初卖给我的价格真便宜，这东西现在升值了"。这种信誉和认可还具有一定的放大效应，买家会下意识地认为所有曾经从该卖家那里购得的作品都增值了！所以某些精明的卖家会利用这个技巧偶尔回购自己大客户手中的个别藏品，从而增强大客户对自己的信赖和依赖。

此外，在一笔交易达成之后，卖家如果对买家说："我从来没有这么低的价格给过别人，曾经有人出价 20000 元我都没舍得卖，看在咱俩的关系上算是破了例，我跟别人都至少卖20000元，你对外千万别跟别人说是从我这10000元买的，否则我会得罪不少人呢。"此话且不论价格数字真伪几何，单是营造的私密性便能够一定程度上拉近卖家和买家之间的情感距离，不仅为卖家赚足了面子，也增加了买家对卖家的信任感，从而让买家对这笔交易最终的成交价增强了信心。而且即便买家今后真有朋友问起这件东西的价格时，有朋友告诉买家20000元买贵了，对买家的心理也不会造成任何冲击。

最后，再介绍一种较为隐秘但非常有杀伤力的多人局，特别是在高端寿山石交易中，是非常必需的增信方法——就是进行多人的利益捆绑以维护圈层口碑。让我们试想一下在顶级寿山石藏品交易时的情形，货比三家是每个愿意花巨资寻购极品寿山石买主们的共同心态，而极力佐证自己出售的藏品确实物有所值是每个卖家必须进行的工作。在顶级寿山石交易过程中，极少有买家仅仅听取某个卖家的一面之词就掏重金购买，有经验的商家都知道这是天方夜谭。买家一定是穷其所能寻找各方可信的专家朋友来为自己掌眼，这时候任何一个看起来不经意的负面评价都很容易让买方心生怯意，造成交易的流产。这绝对不是危言耸听，在众多顶级田黄石的交易历史中，常常有传言说某位知名专家对某块顶级田黄石的品质表示有疑义，导致买家对交易立即陷入犹豫状态，卖主便要穷其所能与该知名专家好好沟通一番了。因此，在当前寿山石价格如此高昂的时代，某些极品珍藏一般都需要提前布局，为日后的变现铺平道路，其中一种方式就是以分散股权多人共同持有的方式进行利益捆绑，从而让所有利益方都能为其美言增信。这样当有买家看上这件极品时，到各个高端商家和各个顶尖专家圈子里一打听，得到的常常是一致肯定的回应，大家都对这件东西顶礼膜拜，说这东西确实好，开出的价格真是实在，东西虽然贵，但是一分钱一分货，物有所值，这么好的东西肯定是要花这样的价格——只有这样买家才敢出大价钱购买。而且这种提前布局的利益捆绑，除了带来增信效果之外，还能让各方股东减少投资，分担风险，共享客户资源，以便促成交易。

白羽刻银裹金奇降石
《举杯邀明月》

讲讲那些行家不愿意分享的事情

希特勒曾说过的著名反动言论"谎言被成千上万人说几遍也就变成了真理"，人的想法总是会受其他人的影响而发生转变。越是在顶级寿山石收藏品交易中，受众面就越小，顶级作品数量很有限，可选择性不大，有意购买此类东西的买家一定也会在自己的能力范围内将这些东西做一番研究，所以也常会听到各种正负面的评论，因此提前布局维护好圈子里的口碑是一件至关要的事情。

3. 互动增信

销售离不开交流，有交流就有互动，通过与不同的人之间的互动传递出让买方觉得可信的感觉形成增信，是寿山石交易中的又一更高境界。这种行为如果系卖方刻意而为则如同做局，而在许多实际交易过程中是一种经营习惯或机缘巧合，无意而为之效果甚佳。

举例来说，常去市场上购买寿山石的人多少都会遇到一种情况，就是当你基本明确购买意向后在跟卖家砍价时，卖家会说"这块石头我做不了主啊，得打电话问问我老板"、"这块石头是别人寄在我这里卖的，我要打电话问问"或者"这块石头是我朋友跟我合股的，我要打电话问问他这个价格是否同意卖"之类，然后卖家摸起电话后用一阵天书般的方言与电话那头沟通过之后，用一副不太情愿的表情说"算了算了，他同意卖给你了，真是从来没卖过这么低的价格，你运气真不错"诸如此类的话，这时买家一般会爽快地掏钱，拿货走人。卖家的这一通电话，其实就是通过与第三方的互动，让买方在潜意识中认为"这个价格真是已经到最低了"，"卖家真的做了最大的让步"，否则不会吃饱撑着去打电话骚扰老板或是合股人，第三方参与交易在买方的潜意识中起到了佐证作用，这就是互动动作给人产生的实打实的增信效用。电话里沟通的具体内容其实并不重要，即使卖方当时是打电话回家告诉家里人晚上不打算回家吃饭这类与生意毫不相干的事情，否则为何他们在此时都喜欢用方言通话呢？

当然，除了给老板打电话之外，有时候老板也会亲自出马切磋价格，不论此时是否还有更进一步的折扣，都会起到增信效果，理由很简单，店里的老板和客服两个人都说这是最低价了，那肯定是低于此价不会卖了，如果此时老板进一步给了折扣，那也是说明让店老板出面才享有这折扣，肯定就是最低价了。而且更进一步分析，如果老板出面后价格还不是最低价，买家今后万一发现这家店如果以更低的价格卖给其他客人，那么这位买家第一感觉就是自己被卖家

鄙视了，必然会对卖家心生厌恶，甚至从此不再光顾，无论今后卖得多便宜都不来！

很多寿山石商家与知名雕刻家或业界专家都有良好的关系，常常请他们去自己店里坐坐、喝茶聊天，买家与这些业内名流在店里貌似不经意的偶遇，都会为商家增信，正所谓"谈笑有鸿儒，往来无白丁"。如果此时有顾客与在座专家有机会近距离交谈几句，一定会让顾客对此地此主顿生好感，要是在座的专家再为买家挑中的东西美言几句，那就是锦上添花了。

此外，如果买方是某些社会上有身份有地位的人，卖方还可以通过先予后取的方式进行互动，从而增加对方信心。简单说来就是短期赊账的方式，把东西先借给买方拿回去看几天，如果真感觉满意，再来付款购买。使用这种方式需要一定的外在条件，首先东西一定要好，要经得起考验，否则人家拿回家里油一挥发干，发现裂格、内爆等各种石病，那就是捧自己耳光了。而且东西一旦让买家借回去，十有八九会拿给其他同行掌眼，这时给人家开的价格就要实在，要经得起推敲，否则容易遭千夫指，不但生意没做成还赔了信誉。此外，卖家还得承担一个更大风险就是，万一对方心眼歹毒要黑掉你的东西，那就是有口难辩了，因为这种互动方式常常不会留下任何书面凭证！当然话说回来，这种方式对卖方而言就必然有一个潜台词："看我都敢把东西借你带回家，不怕你把我的东西黑了，我是如此信得过你，所以也请你对我放心。"所以，这种方式的交易成交率会更高，因为如果买方三番两次地将东西借走，出于面子问题都会考虑多多少少买下一两件捧个场的，毕竟是有身份地位的人嘛，否则今后也不好意思再借。

除了上述几种与第三方人士的互动之外，卖家与买家之间直接的互动更是重要，一句适当的肯定会让买家产生强烈的购买冲动，一个不经意的言行也很可能就会瞬间摧毁买家的信心。

当卖家为买主精心挑选了三件作品甲、乙、丙，都是卖家根据对方的基本要求精心挑选的，展示在买主面前，此时买主向卖家询问哪件作品最好时，有经验的卖家不会立即回答对方。也许此时此刻在卖家的心中已经有了优劣的排序——甲最好，乙次之，丙又次之，但如果买主此时觉得是丙最好，那么卖家的真诚回应反而会让买家自信心受损，容易让买家打消购买欲。此时最理想的方式是通过循循善诱探得买主最喜欢哪件，然后卖家说"我跟你感觉是一样的"，为买方增信，这样容易促成交易。

如何循循善诱？此时卖家可以先分别说出这三件作品最显著的优点和缺点，再把问题反抛给对方，引导买方说出自己更看重哪方面的优点、更不能接受哪方面的缺点，这样就能对买主的喜好有个大致的判断，再有的放矢地告诉对方，形成"英雄所见略同"的结果，迎合了买主的心理要求。高手总是能对每件作品各方面的优劣剖析得淋漓尽致，并且在交易中将这些作为佐证买家心理想法的手段，买家信心大增之时，便是生意达成之日。

十二、面子工程

中国人是一个讲面子的群体，自古就有"树活一张皮，人活一张脸"的谚语。在寿山石交易中，面子问题也同样需要引起我们的重视，它虽然看不见摸不着，但是却很重要，很多情况下面子约等于钱，赚了面子就相当于赚钱了。如何在交易中赚到面子，也是一门相当深奥的学问，经常参与寿山石交易的朋友们都必须认真对待。

在寿山石生意中，何谓面子？说穿了就是情面，是一种感激之情，亏欠之意。我们在寿山石买卖中经常会碰到一种情况，就是如果买家经由朋友介绍向某个卖家购买寿山石，在跟买卖双方对某个作品的交易价格上讨价还价僵持不下的时候，这时如果有朋友帮忙买家请求卖家做点让步，卖家一般来说会给予一定的妥协。其中的利害关系大致如下：这位朋友将买家介绍给了卖家，卖家欠了他一个人情，如果买家对于这位朋友而言非常尊贵，那么经由朋友出面后卖家在价格上向买家妥协，相当于卖面子给这位朋友，让朋友在买家面前赚了面子，这位朋友也会因此感激卖家，而买家也会更加认可这位朋友。最后的结果就是卖家做成了生意赚了钱，虽然没有赚到理想中的利润，但是由

于卖了朋友的面子，理论上讲也就不再需要特意还朋友的人情；买家以较低的价格买到了心仪的东西，并对这位介绍人朋友心存感激；这位朋友则不仅帮助卖家做成一笔生意，还在买家面前赚到了面子，最终达成一个三赢的局面，皆大欢喜。

做好面子工程子有时候就是赚钱，特别对于寿山石商或经纪人而言更是如此。举个例子来说，如果你从一位雕刻师手中借了件作品向客人推销，客人最后的出价恰好就是雕刻师借给你的成本价，此时对你而言这笔交易毫无利润，你仍应该把作品卖给客人吗？答案是肯定的。促成这笔交易虽然当下没有为你实现盈利，你只是替雕刻师做了件义务劳动，然而这会使你在雕刻师面前赚到面子，因为他确确实实是经过你的手赚到了钱，他必然会对你心存感激，并且会认可你的推销能力或经纪能力，增强了他对你的信任度，这会让你下一次向他"借货"容易很多，那么你在这位雕刻师身上的获得机会就比别人更多一些。而且除了"借货"转手交易这种方式之外，如果你将原石交由这位雕刻师代为加工，他在工钱上肯定会为你让步，在加工工期上肯定会为你优先处理，这其实都是在变相地赚钱。

此外，经常在圈子内赚到面子的人很容易赢得圈内人士的好口碑，正如前文所分析，圈层的口碑是一种强大的增信力量，这种力量在短期内看起来不起眼，但是长期看来却具有润物细无声的效果。

十三、"生"与"熟"

凡是去过旅游景点购物的人都有印象，旅游景点的生意大多数是宰客的生意，要么假货横行，要么奇贵无比，在旅游景点找到一个物美价廉童叟无欺的

诚信商家的概率跟买彩票中大奖的概率差不多。真奇怪，难道旅游景点的商家不知道所谓的诚信经营理念或者品牌塑造理念吗？

对不起！这些理念在此通通不适用。

为什么？因为他们心里都明白得很：我国幅员辽阔地大物博，一个人一辈子要把著名景点都游览个遍实属难事，既然是旅游，人们都倾向于去没有去过的地方，因此在这个行当中几乎没有回头客可言。更何况全中国有13亿人口，人群基数如此庞大，所以还是多想办法如何多快好省地掘取利润才是王道——此即"杀生"之道，充满了负能量。在这样的市场环境下，即使有个别想要诚信经营的商家也难以独善其身——劣币驱逐良币。

在寿山石生意中，也有"熟客"与"生客"之分。"熟客"顾名思义就是已经有数次往来的客人，更准确的理解应该是对寿山石已经有一定了解的客人，即使以往没有过生意往来；"生客"字面上解释就是以往没打过交道的客人，也可以理解为对寿山石尚缺乏了解的客人。其实有经验的卖家只要跟客人交谈几句，就可以大致判断出客人对寿山石的认识程度，从而采取不同的营销策略。总体上来说，熟客购买寿山石的持续性很强，在某一段时期内会买很多件东西，是卖家主要的盈利来源，需要细水长流，而生客购买的数量和金额往往非常有限，卖家对他们常常是"半年不开张，开张吃半年"。

对于生客而言，一般卖家价格折扣都不大，因为生客对寿山石毫无概念，即使商家给予了极大的优惠让利，他们也未必会有体会，即使被"宰"也是一样没有感觉，所以对卖家而言还真不如痛宰一刀来得爽快。然而事实上常常是想宰也宰不到什么程度，因为生客一般都只接受低价位的东西，高价位的寿山石市场基本都在熟客身上。寿山石市场与其他收藏品市场有许多共同点，市场中买家们的表现也大同小异，真正会对寿山石着迷并潜心研究的人总是少数，最后研究成为行家的人更是寥寥可数。虽然人数不多，但是一旦开始着迷其中，其消费能力便不可小觑，

石秀刻银裹金
田黄石《春晖》

全瑞炳作《秋之韵》趣味虫草巧雕

其中有一部分人会花上半辈子积蓄倾尽其囊最后发展成为职业藏家。所以对于那些熟客，只要卖家的货跟他能对路，发展成为长期的回头客那是板上钉钉的事情，然而熟客们对价格是比较敏感的，他们心里有数，所以尽可能地采取细水长流的"养熟"策略才是明智的做法。在漫漫收藏路途上，人总会遇到对某几件东西特别着迷的时候，并且越是玩得专业，眼光越高，承受的价位也越高，此时便是卖家播种后的丰收季。

说到这里，就向大家介绍一下旧时候的古玩收藏品圈子内一个秘传的"养猪理论"，总结起来就是十六个字："先养后杀，边养边杀。不养就杀，他养我杀。"这其中意思分为两部分，前面八个字是针对熟客的，将有潜力的客户培养起来，在他成长的过程中逐渐获利；后面这八个字是针对生客的，对于那些没有潜力的客户就尽可能攫取利润，特别是那些在别人手中培养起来的熟客，对自己没有信任度的时候，依然当做生客对待，能杀就杀。"养猪理论"是一门负能量理论，讲述了旧时收藏品商家的牟利途径，道出了这个市场恶性竞争的残酷现实。

一个人从"生"发展到"熟"的过程是艰辛而漫长的，玩收藏的肯定会"吃药"——花冤枉钱买烂货，只是吃多吃少的问题，个人资源好的悟性高的就可以少吃点。还有就是知道自己吃了药之后，以什么样的心态去面对，决定了他能在收藏道路上能走得有多远。有的人吃了药之后"一朝被蛇咬，十年怕井绳"，从此不敢碰不敢买，也就给自己的收藏道路画上了句号；有的人感觉自己吃了药之后无法接受现实，以自欺欺人的方式麻醉自己，坚持认为自己没有吃药，以维持自己内心的平衡，这种掩耳盗铃知错不改的人也走不远，相反会吃更多的药；只有吃过药之后勇敢承认，并不断总结经验，继续坚持边学习边实践的人才会在收藏的道路上走得更宽更远。

吃药的确是痛苦的，它会对玩家的信心造成打击，许多人发现自己吃了药之后会暂时收手反省，这是正常的。纵观寿山石行业历史，没有人是一辈子都丝毫不间断地在持续买进寿山石，一般来说，实践期和停滞期总是在不断交替，买一阵子停一阵子，又买一阵子又停一阵子，到了某个时期自己回头一看，家里已经堆了好多东西开始想卖的时候，就已经上道了。这个过程很像长跑运动，人在长跑途中，总会有一阵子特别难受，咬牙再坚持一下继续跑，一会儿就感觉轻松了，这就是运动生理学中的"极点"，这个过程不断地重复，跑的时间越久，到达下一个极点所需要的时间也越长，令人越难以坚持，很多人都是在遇到某个极点的时候放弃了，每撑过一个极点就会淘汰一大批人，一般当玩家坚持到第三次或第四次极点时，基本上就已经成为寿山石专家了。

十四、四两拨千斤

"高抛低吸"是股市庄家们获利的不二法门，在股票价值被低估时低位大量买入筹码，等到基本控盘后，再用一部分资金将股票价格拉升到高位，然后再将手中的筹码卖出，赚取差价。为了创造这种盈利条件，庄家们需要进行资金杠杆运作，那一部分用来拉升股票价格的资金就是所谓的"杠杆"。做个简单的设想，某庄家以 10 元的价格买入 1 亿股股票，再用均价约 15 元的成本逐步买入 1 千万股股票将价格拉伸至 20 元，然后再以 20 元的价格卖出原先买入的那 1 亿股，每股可获利 10 元，那用来抬升股价的均价 15 元 1 千万股成本就是杠杆。这是一个以小资金拨动大资金的运作手段，在这一操作过程中，庄家要确保在股价拉升过程中不会出现大量的抛盘让自己无法承受，从而让股价到达预定高度。

在寿山石和其他品类收藏品交易中，也存在同样的运作手段，让这些收藏品的庄家进行类似的获利。比方说，某个大收藏家手藏中有 30 枚三彩荔枝洞标准章，当时市场价格大约在 50 万元每方。以这位藏家多年的经验阅历，他判断此类藏品的存世量不会超过 300 枚，而且只有他一个人有如此众多的收藏数量，其他藏品的收藏状况较为分散，这就可以预判如果将此类品种价格拉升至高位，市场上也不会出现大规模的抛售。于是他就可以找一两家规模较大的拍卖行，将手中的一枚印章送拍，支付 20 万元的佣金将这枚印章以 200 万元的价格拍卖成交。在一般情况下，其他有同类藏品的藏家的心理预期都水涨船高，惜售心理下的人们自然而然地认为自己手中的藏品价值已达 200 万元，至少是相差无几，几乎不会有藏家愿意贱卖手中的这一两件珍品，而那位大收藏家此时就可以在线下慢慢将手中那 30 枚印章变现，每方印章变现价格在 100 万元左右还是相对容易的，这其中的利润丰厚程度就不言自明了。

寿山石交易中的杠杆运作可以应用在具有同类性质或属性的品种上，这当然也必须以此类属性具有优越性和稀缺性为前提。这一手法目前在书画市场上已经被极为普遍

程由军刻水洞高山石
《罗汉》

地应用，因为当前市场中书画作品的价值常常取决于艺术家的名望，而每位艺术家毕生的创作数量也都很有限，尤其是在创作巅峰期的代表性精品数量更是寥寥可数，因此对于藏家而言控盘坐庄相对较为容易。在现实的交易市场上，已经有越来越多的人正在有意或无意地进行着此类运作，在某些艺术收藏品领域已经颇具有寡头市场的味道，然而由于艺术收藏品的私密性和非标准化，此类操作行为显得极为隐蔽，甚至无从考证。

除此之外，近年来随着寿山石价值的重新发现，某些极品寿山石的价格已是奇高，拍卖价格过百万、过千万已经不再新鲜，很多情况下对于个人而言是难以全款购买下价格如此昂贵的精品，多人合股共同持有在高端寿山石交易中已经屡见不鲜。股份制的存在就是杠杆运作的温床，一旦某个股份成功溢价交易，势必会影响其他股权所有人心理看涨的预期。打个比方，10 个人合伙各出 10 万元买了一块 100 万元的田黄石，其中有个股东将自己的份额以 20 万元转让给一位新股东，此时所有股东必然对外宣称这块田黄石的价值至少是 200 万元了。

在当前市场中，会应用且敢于运用杠杆运作拉升价格的人都是大亨级的人物，他们大多数手中常常存有大量的艺术品资产，因此维持手中资产价格水平在一定高位，对于他们而言就是让自身资产价格不缩水的必要措施。说白了其实就是交点广告费就能让自己庞大的资产保值增值，何乐而不为呢。

十五、借鸡生蛋

"借货"在寿山石业内是一个普遍现象，由于寿山石千姿百态，即使在同一价格区间内的每件作品都存在很大差异，所以卖家很难预判买方会中意什么样的作品，而自有存货一般数量都有限，所以为了丰富存货让买家有更多的挑选余地，最容易想到的办法就是向其他人借货，希望以此能够提高交易的成交率。这种借鸡生蛋的手段俗语就叫"空手套"。

寿山石已是一类贵重资产，向人借货在某种程度上类似于向人借钱，其中存在的风险是一样的。把石头借给别人，这么贵重的东西，万一丢了或破损了怎么办？在寿山石业内就曾经发生过借货人将货物抵押给典当行后卷款潜逃的恶性案件。所以行业内借货行为的发生一定是基于彼此信任的关系基础上。所以当有人对这种空手套的行为表示不耻时，忽略了这双空手的背后其实并不是空无一物，支撑这双空手的是信誉，是面子。在现实中并不是随便什么人都能借到货的，从某种程度上讲，一个人能借到的货数量越多、价值越高、时间越长，他的信誉肯定越好，面子也就越大！

总体上来说，越是贵重的东西，借的时间越短，价格百万级的收藏品借出一般要求7日内归还，而工艺品和礼品类的普货，借去的时间可以很长。针对不同期限的借出作品，借出方的定价策略也会有差异：短周期的借货，货主给予借货方的底价一般相对较实，基本就是现在货主的心理价位；而对于长周期的借货，货主给的底价一般会略高，因为货主虽然增加了一个销售渠道，但是要综合各种潜在风险、资金成本与收益率、销售主动性、回款时间等各方面不利因素。所以对于长周期的借货情况，矛盾就产生了：货主借出的底价定得高了，借货人的销售定价一般还会在底价上继续加价，从而不利于货品的快速出售周转，到最后还真就变成长周期的借货；然而如果货主给的底价低了，又得让自己承担上述各种因素产生的负面效益，而且随着时间的推移，寿山石的价格总是在增长，从而心里总少不了挂念。总而言之，对于长周期的借货而言，货主的确很为难。所以如果对借货方的信誉和营销能力没有充分把握的话，一般人是不会将石头借出太长时间的。

借货人在销售过程中，一般都会有信息隔离措施，就是防止买主和货主之间的信息沟通，因为此时的借货人就像是房产中介一样，一旦被绕开就毫无价值，而当前中国市场是一个对中间商和经纪人有强烈排斥情绪的不成熟的市场，这种情况时常发生。

除了借鸡生蛋之外，还有一种略为高级的空手套手段，笔者在此也顺带提及，供大家开拓思路。曾经有一个笑话：外国有一个富翁想为自己博士毕业的儿子找份好工作，并寻一门好亲事，于是先找到比尔·盖茨说"我帮你介绍个好女婿，他是世界银行的副总裁。"比尔·盖茨心动了；然后他又找到世界银行的老总说"我给你介绍个副总裁，他是比尔·盖茨的女婿，你意下如何？"世界银行的老总同意了。于是这位富翁的儿子既当上了世界银行副总，又做了比尔·盖茨女婿。

这种手段在高端的寿山石经营中也曾经被人成功演绎。某石商看中一块售价300万元的极品田黄石，但是自己无力购买，于是他找到甲乙丙三个朋友，分别对他们私下说，"我看中一块石头不错，货主要卖300万，我最近手头略紧，只能出200万元，你出100万元，我们合股把它买下，目前市面上这块石

郑宗海刻善伯洞石
《弥勒佛》

陈君震刻荔枝洞石
《梅竹双清》插屏

头应该能卖在 600 万元，石头放在我手上卖，到时候赚钱了跟你分。"于是甲乙丙三个人各出 100 万元交给这位石商，这位石商自己不花 1 分钱就获得了价值 300 万元的田黄石，并占据了销售主动权，后来这块石头卖出了 1000 万元的高价，还给甲乙丙三人共 600 万元本利之后，超出的 400 万元巨额利润全部被他囊括怀中。

十六、曝光策略

寿山石交易中的曝光指的是将寿山石在公开场合亮相，包括展览会、拍卖会、媒体登载等多种形式。对于想变现手中石头的持有人来说，什么样的石头不适合曝光、什么样的石头适合曝光、曝光到什么程度，都是需要仔细考量的问题。

石头一旦大面积曝光，其信息就被大多数人相对充分地掌握，其真伪、优劣、定价等各方面都会被人们研究讨论，所有的信息都公开透明之后，交易双方不会受到信息不对称的干扰，这是一个有效的增信途径。但凡买家获知一件作品的过往成交价，特别是最近一次交易时间不算久远的情况下，买家一般会以一种根据当前资金投资回报率的计算思维方式来对作品进行定价，毕竟大部分人都不太愿意花 20 万元购买一件几个月前刚刚以 10 万元成交的东西，此乃人之常情。所以一件大面积曝光过的作品如果在曝光后短期内再次易手，其价

格很难有较大涨幅，除非经过长时间的深藏之后重现江湖，才有可能获得翻番的投资回报。

大面积的深度曝光特别适合于那些顶级藏品，大型拍卖会的天价成交、展览会的频繁亮相、媒体的争相播报都在反复告诉世人它确实无与伦比，并不断地印证着它的巨大价值。当人们对其耳熟能详之后，它便成为一个文化标签、文化品牌，其地位和价值得以进一步巩固。这也为下一位接手此件宝物之人增强信心。

将作品登载在名家著录中也是一种良好的曝光方式，既有广泛的宣传覆盖面，又有专业性和权威性，能为作品增信，让作品的价值有增无减。当然这种曝光方式是以征得著录作者的同意为前提，对于普通的寿山石作品而言也并非易事。

然而近年来有部分作品明显是曝光过度了，短短一年时间内在不同的拍卖会上频繁出现，而且价格屡创新高，难免让人质疑交易的真实性。持有人想通过拍卖的方式尽快将作品以理想的价格变现，但欲速则不达，既然选择了拍卖这种方式变现，就要了解拍卖交易的特点，否则只会弄巧成拙、适得其反。一件作品一旦在拍卖会上流拍，会让人们对拍品的品质和定价产生疑虑，甚至会增加作品今后线下交易的难度。因此对于重要的作品，送拍人都会相当慎重，当他们确实想要将作品变现时，倾向于向成交率高的拍卖行送拍，即使起拍价被压得很低也愿意承受一定的风险，只要能确保作品顺利成交也总比放在自己手中长期无法变现来得强，所以那些具有良好信誉和市场成交率的拍卖行在拍品征集工作上比那些小拍卖行显得相对更容易一些。

2013 年在福州市三坊七巷举办的第九届中国名石雕刻艺术展

吴雁舟刻奇降石
《戏金蟾》

未经曝光的作品则保持了良好的私密性，卖家可以持续保持信息不对称优势。对于买家而言，只要自身对作品的品质有把握，买一个别人都没见过的宝贝享受一下独尊的私密性也是不错的选择，而且如果自己今后想要易手，也有高价变现的可能性，还是将曝光与否的决定权掌握在自己手上比较好。

对于那些从他人手中借来的作品，特别是当作品的价值非常贵重时，如果未征得货主同意，一般是不能将作品在公开场合曝光的，因为除了礼貌与尊重他人的所有权之外，石头一旦被曝光，还容易受到其他同类竞争商家的攻击性言论，也会给货主今后的出售增加难度。

十七、灰色边际

发生在 2013 年的葛兰素史克公司"行贿门"案件轰动全国，着实为全国人民普及了一下我国当前医药行业的商业运作模式。

大多数人都有过类似这样的经历体验：早些年，如果得了病去医院，医生诊断完之后为病人开药会先征求病人的意愿，常常是进口的药贵但是药效好，国产的药便宜但是药效一般，医生一般强烈推荐用进口药，患者只要是经济上不是特别拮据，都会遵从医嘱，选择较贵的进口药，否则如果药效不够、久病不治，那病痛可是要自己兜着。到了后来，医生一般不会再征求病人的用药倾向了，而是什么药贵就直接开什么药，政府为了平抑药价，才有了后来国家基本药物目录政策的出台，但是如果患者去药店买非处方药，仍会遇到同样的情况，药店的导购员总是会推荐一些不知名药厂生产的小品牌药，医生和导购员的这类行为都是为了获得药厂的回扣提成。

医疗作为极具专业性的行业，医生专业性的意见是可以完全左右着药品市场的需求偏好，并且医药需求非常刚性，制药厂商都清楚地看到了这一点，把大量的精力物力投在了医生这一产业链中最关键的群体上。而医生作为高素质的知识分子群体，日常承担了巨大的工作强度和工作压力，但是领取的却仅有医院中微薄的工资，这种失衡使他们自然而然地会想从药品销售环节中获得补偿，这就与药厂的思路不谋而合，形成了我国当前医疗行业"以药养医"的模式。药厂回馈医生的方式有多种多样，一般来说上规模药厂采取为医生提供会议出差和旅游机会，或是以培训费的方式为医生变相发放补贴，而有些小药厂则直接返现或赠送医生干股，从而实现与医生的利益捆绑。

　　这种现象其实不止在医疗行业中存在，很多行业都有着类似的商业模式，只是医疗行业作为关系国计民生的重点行业，兹事体大，群众反映强烈罢了。在许多具有技术专业性的领域内，多多少少都存在着此类现象，比如家装设计师跟建材厂商之间——设计师对装修设计的选材和用料拥有很大的话语权，或是汽车维修店跟配件厂商之间——汽修师傅对零配件更换的建议左右着客户的选择。只是不同的行业在利润返还形式上有着各种变化，但不论如何变化，这种商业模式的应用，直接导致的后果就是推高了终端产品的售价，因为羊毛出在羊身上，所有返回给中间环节的利润都必然来自于终端客户，这是一种隐性成本——隐藏于企业总成本之中游离于财务审计监督之外的成本，这一成本在当专业性的服务渠道被垄断时会显得特别高。

　　言归正传，在寿山石行业中是否也存在此类的运作模式？回答是肯定的。这种商业模式应用在医药品市场上，推高了药品价格，让百姓看不起病吃不起药，那肯定要遭千夫所指，然而这种行为在艺术收藏品这样的弹性市场中应用，不关国计民生，则无伤大雅，较少有人议论。

　　在寿山石行业内，有一部分生意是通过中间人介绍达成的，介绍人一般是买卖双方的朋友，除了牵线搭桥之外，还能够为交易起到增信作用，可谓劳苦功高。对于这样的一个中间人角色，卖家在制定销售定价时，常常也把他的利益所得也考虑在内，这样做既保护了中间人的积极性，也维护了自身的口碑，操作得当能越发增进朋友间的情感，何乐而不为呢。其实，卖家的朋友们就像是卖家的经销商一样，数量越多、分布越广、态度越积极，对卖家的帮助就越大。如果牵线搭桥的朋友本身是个寿山石行家，他起到的增信效果会更加显著，因为寿山石行业也是属于专业性很强的领域，类似于医疗行业，专家的推荐不仅对卖家的信誉起到了潜在的担保作用，还对所推荐的寿山石提供了专业上的技术支持。

十八、合股之殇

几个人合股买一块寿山石共同持有，这个在上世纪时期还是很稀罕的事情，时至今日却已经司空见惯，当前市场中的各类交易模式层出不穷，甚至在2011年有天津文交所创新推出的艺术品证券化模式都险些点燃寿山石市场。这都是随着顶尖收藏品市场价格屡创新高后，交易模式演变发展的必然趋势，就像资本主义在封建制度后期开始萌芽一样自然。

顶级的寿山石珍品在当前市场中常以百万元为单位计价，个体常常难以承受，但是出于对寿山石的喜爱使得仍有许多人对价格依然看涨，看涨的人们自然而然会想到大家一起出资共同持有，这样一来既降低了投资门槛，也分散了投资风险。合股行为发生在石商群体中比较多，主要以投资和经营为目的，而在收藏家群体中还相对较少，因为收藏家对宝贝总有强烈的独占心理。

除了减低投资门槛、分散投资风险之外，合股持有寿山石还有一些潜在优势：首先，合伙人不必再因为同时看中了一件宝贝而争夺竞价，平白抬高了购买成本不说，还容易伤了朋友和气；其次，多人合股购买某件宝贝时，在价格

方晓刻将军洞芙蓉石《禅》

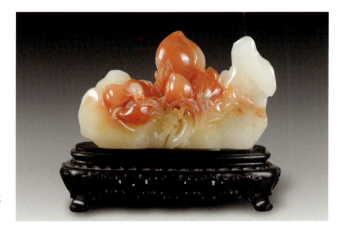

全瑞炳刻芙蓉石
《寿比南山》

上会比单个人有更高的承受能力，毕竟一个人的资金往往拼不过一群人的资金池，这就使得在与他人竞价争夺时更有底气；最后，多人合股持有之后，销售的渠道圈子也比个体持有来得更广泛，并且在圈子中形成一致的利益捆绑，有助于未来变现时候的增信，也就增强了变现的能力。

然而任何事情都有它的正反面效应，合股持有虽具有它积极一面的作用，但也存在某些负面效果和隐患。我们先来看看一般合伙持有的基本规则是什么样的。合股持有后，于情于理都是由最大的股东担任藏品的保管人，藏品的损坏和灭失都由他负责，责任重大，他也拥有展示和销售这件藏品的主动权，但常常也是需要征得全体股东同意后才能出售转让。由此可想，合伙持有常常有一个前提条件，就是股东之间的信任关系。也正因为如此，此类股权常常不允许向第三方私下转让。

在合伙人的股权基本是平均分配的情况下，在持有和变现过程中，股东较容易达成一致意见。而在股权分配较不平均的情况下，就存在有一个矛盾，大股东由于出资较多，资金占用量大，往往将资金快速周转作为首选，对回报率的预期自然低于小股东，而小股东由于出资少，资金压力不大，所以更在乎投资回报率能有多高，简而言之就是大股东宁可少赚点也希望快点出手，而小股东则希望多赚点，即使出手慢点也无妨，这一个矛盾常常使得在变现出售的节骨眼上股东之间产生意见分歧。

更进一步分析，由于此类高端藏品的交易常常是在很私密的环境中进行，而大股东又拥有展示和销售主导权，他是否会如实地向小股东坦白最终的交易价格，这是不确定的，很有可能大股东实际卖出了 500 万元，但是告诉小股东们是 400 万元，自己多赚了 100 万元。如果是这样，股东之间原本具有良好的信任关系也会因此被冲淡。这绝对是个大概率事件，两方面的因素都会促使其发生：一是大股东在销售时常常会将销售环节的贡献归功于自己，从而为自己的这个贡献多争取一些回报，这是许多精明的人都会想到的；二是因为买主购得藏品后常常会虚报成本，对外宣称是以一个更高的价格买入的，这样能为自己今后的高价变现做个铺垫，然而这一更高的价格一旦传入到原先的一个小股东耳朵内，原股东间的信任关系就要遭受严峻的考验。所以有些合股的藏品宁可顶着较高的交易成本、冒着流拍的风险送到拍卖行中进行公开拍卖变现，也不愿意私下转让，即是由此原因。

所以，当我们在跟几个朋友打算合股持有某件藏品之前，需要通过充分的沟通让股东们具有一个良好的心态，对股东各方的贡献值有合理的评判，对未来变现的分配做好计划，制定好完善的保管、展示、变现规则，这样才能增加互信、减小分歧、化解矛盾，否则为了大家一起赚点钱的初衷而伤了朋友间的和气就得不偿失了。

十九、艺术经纪

经纪人在艺术圈子里面是一个并不陌生的角色，他们首先筛选有潜力的艺术家，通过与艺术家紧密合作，宣传包装艺术家及他们的作品，提升艺术家在市场中的认知度，培育收藏家群体，并为销售过程增信，以赚取佣金收入或艺术家作品的增值获益。

艺术经纪人更像是一位教育者，他需要教育市场让市场认可所经纪文化艺术价值，他又要筛选和影响所经纪的艺术家，让他们的创作能迎合市场的需求。

在数以万计的寿山石雕刻师队伍中，真正靠纯艺术创作把寿山石卖上好价钱的雕刻师凤毛麟角。目前寿山石行业中的绝大多数雕刻师劳动估值仍然偏低，一件石雕作品辛辛苦苦花费两个月时间倾力完成后，能够赚取超过 5 万元创作工费的寿山石雕刻师屈指可数，这与书画类的艺术创作相比起来真是小巫见大巫——他们挥毫泼墨分分钟每平方尺润格动辄就以万元计价，但也意味着对于寿山石艺术经纪事业来说具有巨大的发展空间。

寿山石艺术品与书画、瓷器等艺术作品的不同之处在于，它除了融入了艺

程由军刻荔枝洞石
《醉入童真》

术家的创作思想和情感之外，还有着天然的材质美感，它是自然与人文相融合的艺术品，人们追求工料双绝的境界以展现其艺术价值。但目前寿山石市场普遍存在有一种重材轻艺的现象，自然的美和资源的稀缺性是普通大众最容易感知到的，而人们对审美品位的培养、技艺高低的评判则需要时间的磨砺。所以在当前这个时代，即使再优秀的寿山石雕刻师，也需要通过美丽的载体来表现他的精湛技艺和创作思想，否则难以获得当前市场的认可。也就是好的石头更容易吸引市场目光，从而助力提升雕刻师的知名度。

　　所以在当前的寿山石行业中，经纪人一般会为合作艺术家提供价值不菲的寿山石原料供其创作，因为再好的寿山石雕技艺如果没有优质的原材料作为支撑，是很难获得一般大众的认可的（就像已故中国工艺美术大师周宝庭，其雕刻古兽和仕女的技艺无可匹敌，然而由于他大量的创作作品都是一些普通石材，所以导致他在社会上的知名度甚至还不及现在的某些省级工艺美术大师），而年轻的雕刻师也很难独立承受起昂贵的优质寿山石原料。因此很多有实力的收藏家，与某位雕刻师投缘，非常喜欢他的作品和艺术风格，便为他提供大量优质寿山石原料供其创作。由于寿山石雕创作的周期性较长，雕刻师每年的产量很有限，优秀的雕刻师很容易就出现供不应求的局面，工钱自然容易上涨，名气也就渐渐提升了起来。经过数年后，收藏家只要将数年来这位雕刻师为其创作的藏品集中举办专场展示，让更多人认识和了解这位雕刻师的创作才能，便又能进一步提升该雕刻师在社会上的知名度，如此反复循环，这就是当前寿山石艺术经纪最普遍的运作模式。

当人们从经纪人手中购买一件作品时，其实也相当于同时购买了经纪人和雕刻师在这一行业中的名声、品味以及对市场的理解，这三者是分不开的。因此，雕刻师寻求什么样的经纪人和石商进行合作，也影响到他们自己在市场中的形象和定位。

当然，更优秀的寿山石艺术经纪人除了能帮助艺术家开拓市场、提升艺术家知名度之外，在一定程度上还要能够为艺术家提供专业指导，帮助艺术家突破创作瓶颈，可这一点又是当前许多收藏家所做不到的。所以，真正专业的艺术经纪人群体尚未正式进入寿山石艺术界，虽然一些人群已经具备了经纪人的雏形，并且某些行为已经属于艺术经纪范畴，但寿山石艺术经纪事业总体而言尚处于发展的萌芽阶段，并未惹人注目。所以，当前市场中经纪人群体的缺位，使得眼下寿山石全行业中的大部分雕刻师既做艺术创作，又要跑市场、拉客户、推销自己的作品，这种精力分散的工作方式，常常导致业务做得不够到位，艺术创作也无法突破，这种现象在时下供小于求的市场环境下难有改观。

在西方的艺术品市场中，艺术家、经纪人（经销商）、收藏家是三大核心力量，从某种程度上来说，艺术品的价值并不仅仅产生于艺术家，而是三方共同创造的，譬如在西方油画市场中，每年有数以万计的美术院校毕业生进入艺术市场，此时的伯乐比千里马更有价值。然而对于不同的艺术品种类或是市场发展的不同阶段，哪个角色在市场上起主导作用也是大相径庭的。在今天的寿山石行业发展阶段中，雕刻师既是艺术家也是经纪人，但在可预见的将来，随着雕刻师队伍的不断膨胀，市场供需矛盾得以缓解之后，当收藏家们需要面对市场上千千万万的选择时，专业的艺术经纪人将成为雕刻师与收藏家之间不可或缺的重要角色，届时雕刻师只需潜心创作，市场的事情则完全可以托付给专业经纪人，因为观众更信赖他们，这也顺应社会发展专业分工的必然趋势。

二十、网上淘宝

电子商务应用对于寿山石领域已经不再陌生，随着寿山石文化的推广普及，越来越多的人将目光投入到互联网这一更广阔的市场空间中，各种类型的互联网平台如雨后春笋般涌现出来，其商业模式总体上可以分为 C2C 和 B2C 两种，网上商城就是属于 B2C 模式，淘宝网店是 C2C 模式，BBS 论坛则基本上介

于 C2C 和 B2C 模式之间。不论是哪种模式，对于在互联网这个人与人之间素未谋面的世界中，买卖双方在一定程度上都有一种对彼此的不信任感，普通大宗商品的网上交易尚且需要跨过这一鸿沟，更何况艺术收藏品这种特殊领域，如何增信成为了商家在互联网世界中必须解决的首要问题。

BBS 论坛是目前寿山石行业中较为活跃的互联网平台，其早在 2000 年左右就已经开始萌芽，时至今日已有近十个以寿山石为主题的专业 BBS 论坛。BBS 论坛最早以学术和文化交流平台的形式出现，大家在论坛上咨询问题、表达观点、各抒己见，随着论坛存贴量的与日俱增，寿山石玩家们在这些平台上所能获取的咨询信息也越来越多，新手们可以借此大大缩短他们入门的学习时间，这便极大增强了其购买寿山石的信心和欲望，而一些经常活跃在论坛上的版主或石商常常与网友们互动交流，其网上信誉度会逐渐显露出来，人们开始向他们询价购买寿山石，于是在 BBS 平台上的交易功能便水到渠成地产生了。论坛商铺、自由市场、拍卖等各项交易功能现都已在各个论坛中实现，然而BBS 无法实现在线支付功能，因此很多网络商家都会开立一个淘宝店，通过支付宝来进行网上在线支付结算。总体上看来，在 BBS 论坛上，石商可以通过参与网友间的互动树立威望，为自己的网上形象增信，从而实现网上交易。并且，在一些管理制度相对完善的论坛中，那些不诚信的专营假货的奸商很难立足，网络平台是个卧虎藏龙，奸商一个劲地王婆卖瓜自卖自夸，也顶不上大家你一言我一句七嘴八舌评头论足，最终只有自己受气的份。所以在这种平台上要售卖假货和烂货真是需要高超的技巧和一定的勇气。

淘宝店是许多有志于开展网上业务的石商们都会去尝试的销售渠道，这是一种纯粹的 C2C 模式，淘宝商铺的制度设计具有相当大的优势，但也有一定的短板。时至今日，淘宝网上专营寿山石的商铺数量已过千家。虽然数量庞大，但是真正在网上展示销售的寿山石却绝大部分是普品和次品，能将精品挂在淘宝店中形成销售的商家可谓凤毛麟角。究其原因仍是那个无法回避的老问题，精品的价格昂贵，本身在互联网上就很难取信于人，再加上寿山石的石病又多，

苏富比拍卖行与 eBay 的合作关系终结，据报道在 1999 至 2003 年期间，拍卖行网上拍卖的亏损额达到 1 亿美元。苏富比拍卖行早先与亚马逊网站的合作也在仅仅 10 个月内终止，报道亏损 2800 万美元，艺术品网络电商经营的难度由此可见一斑。

石性不稳、裂纹、杂质、色彩失真等等诸多潜在的隐患根本无法简单地通过照片暴露出来，会让买家心中产生顾虑。在早些年，有些石商利用高超的 PS 技术，将色彩调亮、抹去杂质，能吸引不少眼球，如果客人询问有没有格裂，先拍胸脯说保证没有，待成交之后便将石头抹上厚厚一层保养油发货，反正实在不行就退货呗，总会有些客人检查不仔细，或是愿意隐忍这种小毛病的。这种能赚一票是一票的心态虽然短期内实现了收益，但是却毁了一整个行业的口碑。"承诺 7 天无理由包退"不仅是目前淘宝网上诚信商家共同的服务内容，更成为了《消费者权益保护法》中的重要条款，能够给买家足够的时间发现寿山石的石病，从而使买家减少心中顾虑，当然这么做卖家需要承担一定程度的风险。"要想取之必先予之"，越来越多的网络商家开始明白这个道理，并开始去尝试。

近年来，有些石商也尝试开始自建独立的网络商城，打造集新闻、展示、交易、支付等各项功能于一体的平台，颇有寿山石专业门户网站的味道，然而症结仍无法化解，大部分交易仅停留在同城地区，主要服务于石商原有的客户群，人们仍是以眼见为实，看过实物之后再通过网上平台交易支付线上线下的互动配合是艺术电商仍然无法旁绕的环节。由于这种 B2C 的网上商城自身尚未培育出强势的品牌和信誉度，所以目前还没有真正意义上打开互联网的广阔天空。

二十一、地摊捡漏

地摊是一个相对成熟的市场交易形态，拥有悠久的历史和难以撼动的地位。在福州有三个知名的大型专业寿山石交易集市：藏天园早市、特艺城早市、樟林夜市。在其他城市中，寿山石多在古玩收藏品市场中以文玩杂项身份出现。

在福州本地的地摊市场上，来此淘宝的人们水平参差不齐，各有各的玩法和路子，石商、石农、藏家、雕刻师等各类人群都会去那里淘宝，甚至会遇见早已功成名就的寿山石业界精英，可谓群英荟萃。地摊上各个品种的寿山石和来自五湖四海的其他石种混杂在一起，琳琅满目，这里是锻炼眼力的最好去处，可以说是综合性的新手训练营。

在寿山石市场行情最火爆的年份中，早市从凌晨4点就已经有人开始活动，直到中午12点过后才收摊，夜市则从下午4点就开始抢摊位，到凌晨1点多仍会见到几个摊主还在坚持。人们手持手电，摩肩接踵，络绎不绝，成为一道极具地方文化特色的城市风景。

去地摊淘宝的人们，都多多少少抱着一颗捡漏的心态，看看自己有没有运气捡到大便宜。其实本无所谓漏与不漏，只是每个人所处的圈子不同，心中对石头的估价不同罢了。对于想在地摊上一试身手的新玩家，笔者在此给出一点建议，也许能够对大家有点帮助。

地摊淘宝首在"勤"字，正所谓天道酬勤。逛得勤、看得细，捡漏淘宝的机会自然比别人多，别人尚未发现的宝贝就有可能被你先发现。而且如果你坚持常年如一日地在地摊上露脸，摊主们的眼睛都是贼亮的，看你眼熟，东西卖给你的价格会更加实在，自己遇到漫天要价的情况会日趋减少。"勤"的另一个要义是早到迟退，正所谓早起的鸟儿有虫吃，早逛的玩家才有漏捡，如果错过了早班车，在人群高峰时再入市，有漏也早就易手了，逛地摊眼贼的高手比比皆是，好货不等人！如果自己早上实在爱睡懒觉，做不到早起也可以争取迟退，迟退的

福州每周二下午的福兴特艺城寿山石交易市场

福州每周三晚上的樟林寿山石夜市

福州每周日上午六一路特艺城寿山石交易集市

087

福州每周六上午藏天园善化坊寿山石交易集市

好处在于能让玩家着实买到一些好货。摊主本周新产出一件好东西时，在市场上待价而沽，也许前边已有几个人出价4千元了，摊主一直在等待一个能出5千的买主但却没等着，多摆一阵子自信心也会受损，临近收摊时间如果你过去也出个4千元的价格，说不定就卖给你了，这就是迟退的好处。当然跟摊主之间的价格较量在短短一个交易日时间之内经常难决胜负，很可能你在之前还价4千元没成交，但在摊上摆了一个月后摊主才愿意以此价格卖给你也是常有的事，所以如果要追求性价比，软磨硬泡和耐心等候也是必需的。

在地摊上淘宝时，还有一些有趣的现象：譬如当你发现某个摊子面前围了一群人的时候，好奇的心理也会促使你凑进去探个究竟，是什么好货那么招人喜欢。当你站在某个摊子前面挑选东西时，如果旁边有人跟摊主达成了一笔买卖，这时候潜意识里会增加对这个摊主的信心，增加自己的购买冲动。所以当一笔交易达成时，会有很多周边的客人前来摊前围观，运气好的话常常会促成又一笔交易。此外，常逛地摊的人都会有类似这样的经历：你跟摊主对一个自己相中的东西进行了一番讨价还价，摊主一定要卖800元，可你只愿意出600元，价格没谈拢，在你把石头放回摊上之后，有旁边另一位买家掏了800元把它买走了，心痛掉肉的感觉涌上心头——真懊悔——自己心中暗暗责怪那个买家和摊主，明明是我先看到的应该卖给我，我怎么会在乎那多出的200元钱，但是木已成舟也无可奈何。可是置换一下位置，如果是自己看上了别人手上的东西，也会忍不住去扮演这种横刀夺爱的角色，让别人产生这种懊悔的感觉。没办法，好东西就是会引发人们的占有欲和竞争意识，这就是寿山石的魅力。为了减少此类悲剧的发生，在摊上买东西时，尽量防止隔墙有耳，如果实在避免不了，在跟摊主讨价还价的过程中，一定要把东西握在手中讲价钱，只要东西还在你手上，你就有议价的权利。如果已经预感身边有人对自己手上的东西虎视眈眈，那就干脆直接报出自己心里能接受的价格上限，以免日后追悔莫及。

最后，新手在跟摊主一对一的议价较量中，轻易不能让摊主察觉出自己对某件东西非常喜欢势在必得，否则只会被痛宰没商量。多询问两件东西的价格，声东击西，混淆视听，会是一种不错的办法。

当然啦，买东西没有后悔药可以吃，有些东西错过了就算了，心中要将它放下，身边有不少朋友常常会提起那些曾经擦肩而过的好宝贝，描述起当时那段缘分总让人痛心疾首，但是人们常常忘记了在多数情况下，东西买到手之后对它的喜好程度会日渐降低，时间久了甚至会想卖掉。所以有句话说得好："得不到的东西总是最美的"，这是人性，是一种不成熟的心态，要加以克服。

二十二、拍卖举牌

拍卖是一种公开透明、高信誉度、高竞争性的交易方式，拍卖会对于普通爱好者而言的确有一种高不可攀的味道，动辄数万元的保证金已将一大部分经济实力有限的玩家挡在门外，其较高的进入门槛营造出了一种精品荟萃的"高大上"氛围。

在拍卖会场中，人们在享受到优质的服务和竞买环境时，潜意识中也会对拍品的质量充满信心，然而在每本拍卖图录的最后几页，拍卖行都会明确声明一个免责条款："拍卖公司不能保证拍品的真伪及质量，对拍卖标的不承担瑕疵担保责任"。在拍卖行为自己免责的同时也就为委托人和拍卖行之间的各种线下互动打开了充分的想象空间，"拍假"问题就是从这个缝隙里滋生出来的。这个问题在其他品种的收藏品拍卖会上是个司空见惯的现象，但是在目前大型的专场寿山石拍卖会中，为拍品保真已经成为了寿山石拍卖行业内的一个潜规则，因为一旦出现"拍假"事件，会对拍卖行自身的信誉和专业性产生极大的负面效应，毕竟寿山石真伪鉴定相对于其他收藏品门类已经算是简单容易，绝大部分的寿山石作品都是现代时期的产品，近代的拍品都还算是少数，唯一可能有争议和鉴定难度的也就是田黄石类的拍品，但是由于目前有些第三方机构和鉴定专家会为田黄石出具书面鉴定结果，因此这类鉴定责任均可转嫁给第三

拍卖会现场

方。至于拍品的品质优劣，那是仁者见仁智者见智，与拍卖行本身无关。所以对于新手而言，选择一个注重品牌、注重信誉的大型拍卖行是一种明智的选择，因为大型拍卖行的货源往往比较充裕，可选择余地较大，性价比也较高，较少出现小拍卖行那种为了凑足拍品数量而滥竽充数的情况。

说完了"拍假"，再来讲讲"假拍"。所谓假拍其实就是虚假成交。如今的拍卖会常有天价拍品的出现，其实很多都是人为造市所致。其中一个原因就是随着收藏品越来越多地受到人们关注，拍卖会其实在承担传统交易功能的同时，也开始更多的承担起媒体的宣传推广功能。在目前的市场环境下，对艺术品的宣传如果仅仅选择通过公共媒体对艺术品和艺术家进行艺术点评，其受到的关注度肯定不如这个艺术品以天价成交被报道来得更吸引眼球，这是目前市场经济环境下的无奈，艺术难以对抗金钱，技术要向资本低头——吸引眼球就能创造价值，所以很多人就选择通过拍卖会这一途径直接用资金来吸引眼球。对于此类型假拍，一般是委托人与拍卖行事前就签订私下协议，以支付拍卖行一口价佣金的方式操作，甚或直接找枪手拍而不买，损失保证金也未尝不可，而且许多拍而不买的人正是拍卖行的大客户，拍卖行是不敢得罪他们的。对于很多正在成长中的拍卖行而言，运作此类假拍对于他们来说也是喜闻乐见，既能获得实打实的保证金罚没收入，又能向社会展示本拍卖行能够获取如此高端拍品上拍以彰显实力提升威望，也算是一石二鸟，与委托人互惠互利。

另外一种假拍类型是指成交价尚未到达保留价的流拍。拍卖交易中有保留价、起拍价、成交价三种价格，起拍价是拍品开始拍卖的底价，而保留价则是拍品的真实底价。在很多时候，拍卖行为了吸引参拍人的积极性，并在拍卖现场营造热烈竞价的紧张气氛，将上拍拍品的起拍价压低是一种常规的操作手段，或是拍卖行对拍品的估价与委托人的心理价位存在差距时，拍卖行又希望能够征集这件拍品进行拍卖，此时会与委托人进行协商，为拍品制定一个高于起拍价的保留价，如果成交价未达到保留价，则作为流拍处理，不收取交易佣金，只有在保留价上方成交才视为交易成功，并默认允许委托人在场内自行举牌将价格抬至接近保留价。有一定规模影响力的拍卖行都会尽可能地减少此类假拍协议的发生，毕竟人言可畏，造假总会有损自己的声誉，大的拍卖行一般来说货源不愁，在面对委托人的议价过程中处于优势地位，可以要求委托人降低心理预期。对于小拍卖行而言，征集拍品本身就是一件难事，而且委托人对于小拍卖行的客群购买力信心不足，采取适当的假拍措施更多的是一种自我保护手段。

不论如何，此类"假拍"会使得竞买人在拍卖会现场被混淆视听，产生竞价激烈的错觉，在拍后对统计数据摸不着底细，搞不清市场行情究竟如何。并且每件拍品的竞拍时间大约在5-10秒左右，竞买人需要在短时间内作出是否继续举牌竞价的决定，在心里紧张的情况下容易造成判断失误，因而很多初次参加竞拍的朋友在拍卖会后跟笔者说自己当时太紧张了，反应来不及，喜欢的东西没竞拍到，拍到的东西拿到手后又感觉没那么喜欢，总之是留下各种遗憾。所以对于参与举牌的买家而言，在拍卖预展的时候要提前做足功课，拿捏好估价，在拍卖现场抱着一颗随缘的心态淡然参与，才能在亦真亦幻的环境中找准定位。

一场寿山石专场拍卖会下来，200件左右的拍品，4-5小时的时间，对于拍卖师和竞买人而言都是一种精力上的考验，特别是对于初次参加拍卖的新手会感到心里紧张兴奋，在上半场时间内，竞争欲望容易受环境影响被调动激发，所以拍卖会前几件作品总会安排一些高性价比的拍品来活跃场内气氛，在这个时间段捡漏的可能性不大。反倒是到了拍卖会将近尾声，大部分竞买人精神疲惫时，一些不太重要的拍品倒有可能以低价成交。除此之外，老手们去参加一些地区性不知名的小拍卖会，经常会有捡漏的运气。

二十三、关于税收

寿山石经营要交哪些税？这个问题很多行业内的专家也很难给出准确的解答，长期在零税收环境中待习惯了的人们就自然不会再去想它。

按照我国现行法律规定，只要法律没有明确给予减免征税的，所有经营都需要交税，寿山石交易也不例外，所涉及的税种主要是所得税、增值税、关税这三大类。然而现实的状况却是寿山石全行业基本不交税，放眼整个艺术收藏品市场也都清一色是这种状况，造成这种零税收状态的原因并不是因为国家有免税政策，而是税务机关对于艺术收藏品这个行业的取证工作存在困难所导致的。在艺术品市场极其火爆的 2010 年和 2011 年，福州地区寿山石全行业能够体现在税务机关账面上的区区百万元税收收入，相对于真实的市场交易量而言真可谓九牛一毛。可以说，在我国艺术收藏品市场此类的税务管理问题一直存在，只是大家都不想去提及罢了。无论是处于一级市场的地摊、商铺，还是处于二级市场的拍卖行，或是艺术家的私下交易行为，避税现象都不同程度地存在。

为何长期以来会形成这样一种状态，本书在此做一个简要的分析：

所得税

早在上世纪 90 年代，针对个人艺术品拍卖所得收入的纳税问题，国家税务总局便发布了《国家税务总局关于书画作品、古玩等拍卖收入征收个人所得税的通知》。但由于操作层面实在难以开展，这份文件从公布之日起就一直停留在书面的效力上，未能在全国范围内严格地予以实施。

由于艺术品交易目前基本上是现金交易，而且在交易中绝大多数是私下交易行为，因此对于税务部门而言绝大多数交易根本是无从查证的。说不清交易是否真实发生、交易金额是否属实等关键问题，为征税工作带来了困难。

在 2007 年，国税总局下发了《关于加强和规范个人取得拍卖收入征收个人所得税有关问题的通知》，该《通知》规定，个人转让书画作品、古玩取得的收入，减除其财产原值和合理费用（凭合法凭证扣除）后的余额，按"财产转让取得"项目计征 20% 的个人所得税；对于藏家普遍关心的"如何来确定收藏品的原价值从而确定实际收益"，《通知》规定，通过祖传收藏的，财产原值为其收藏该拍卖品而发生的费用；通过赠送取得的，财产所得为其受赠该拍卖品时发生的相关税费。而对纳税人不能提供合法、完整、准确的财产原值凭证，不能正确计算财产原值的，按转让收入额的 3% 征收率计算缴纳个人所得税；拍卖品为经文物部门认定是海外回流文物的，按转让收入额的 2% 征收率计算缴纳个人所得税。这一政策明晰了所得税税率，其实对于绝大部分艺术品而言，"合法、完整、准确的财产原值凭证"并不普及，基本上可以认为应交所得税是艺术品转让收入额的 3%。《通知》一出，所有有合法经营牌照的艺术收藏品企业和拍卖公司都依新规做了调整，选择跟卖家分摊个税或者由公司代扣代缴的做法以转嫁经营成本。

增值税

对于年营业额在 80 万元以下的小规模纳税人而言，增值税税率为销售收入的 3%，而对于年营业额超过 80 万元的一般纳税人而言，增值税税率则是销售收入的 17%，虽然允许进项增值税抵扣，但是由于寿山石艺术品行业的特殊性，经营商一般无法获得进项增值税抵扣发票——从石农或雕刻师手上购买货物时就无法取得发票，所以需要承担全部销售收入 17% 的增值税，税负相当重。这种情况就导致了寿山石经营企业发展都难以上规模，福建省作为寿山石原产地，真正作为一般纳税人从事寿山石经营的企业屈指可数。沉重的税负让寿山石从业者选择以小规模纳税人的身份进行经营，而对于那些价格动辄上百万的寿山石艺术品，高达 17% 的增值税在所难免，这还不包括所得税部分，因此商家能不体现在账面上的交易尽量不体现，找其他机构代开发票成为寿山石行业中一种无奈的选择。

石秀刻芙蓉石
《怀素情》

对于拍卖行业而言，国税发【1999】40号文件第一条规定：拍卖行受托拍卖增值税应税货物，向买方收取的全部价款和价外费用，应当按照4%的征收率征收增值税。虽然根据常理分析，拍卖企业是中介组织，销售的是别人的作品，作品的增值收入在委托方，而并非属于仅收取佣金的拍卖企业，关于拍卖公司增值税问题，现在各地争议很大，但仅从现有的法律条文字面上解释，拍卖行仍然需要交纳增值税。虽然拍卖行业的增值税只有4%，但是寿山石拍卖的佣金收入一般只是成交额的10%-20%，仅仅所得税和增值税部分就要占到成交额的7%，扣除这两项税收之后的毛利润率只在3%-13%，如果再扣除各项成本费用，要想维持盈利是相当困难的。

关　税

除了所得税和增值税，凡是涉及海外回流的寿山石都还需要缴交关税。目前，在我国艺术品与奢侈品同被列为进口商品的第21类。其中，与中国签订优惠贸易协定的国家，艺术品原作的进口税率为12%，没有与我国签订优惠贸易协定的国家，艺术品进口关税高达50%。虽然国家在2011年12月公布了《2012年关税实施方案》，中国内地部分艺术品的进口关税税率由12%降至6%。但如果算上所得税和增值税，对进口艺术品的实际征税额度依然奇高。并且由于艺术品的价格受经济和社会等因素的制约，价格非常不稳定，波动巨大，艺术品经营者承担着巨大的经营风险是可想而知的。为此，很多寿山石商人都不敢大规模地将作品成批运进大陆市场，海关工作人员可不会因为商人解释这是一种文化交流活动就网开一面，商人们无奈之下都采用蚂蚁搬家的方式分批逐步将寿山石转移进大陆，每次随身携带两三件作品海关人员尚不会认定这是走私行为，但是这种方式所消耗的时间成本和经济成本非常高。

林文枝刻紫袍玉带石《问天》

二十四、金融创新

随着寿山石价格的逐年高企，如何在寿山石交易中引进金融创新工具，是近些年来许多寿山石从业人员和金融从业人员都感兴趣的话题。

抵押贷款

目前已有某些典当行和担保公司开展此类艺术收藏品的抵押贷款业务，寿山石也是其中的一大热门品种。作为金融杠杆的运用，遇到市场景气的时期，这种方式在宏观层面上将为资产价格的上涨推波助澜。

银行由于受风控考虑，当前市场上没有权威可行的第三方鉴定评估机构对艺术品的真伪和价格进行把关，在缺乏第三方担保的情况下，银行是无法开展此项业务的。所以反倒是民间某些石商，他们凭借专业性技术优势，私下开展寿山石抵押贷款业务，质押的寿山石估价常常被大力打压，从而保障变现能力，因此在业务施行过程中的风险是非常可控的。

投资基金

寿山石投资基金大致分为投资型和融资型两种，无论形式如何，都存在有几大关键节点需要突破：购买的是艺术品的所有权还是收益权、如何鉴定评估、变现规则设定、是否引入回购方、如何合理避税、如何确定权益、如何保管、分配机制设定、是否设置优先劣后、如何控制流动性风险、测算资金成本、如何让资金使用效率最大化、核心人员的利益捆绑等等……这些涉及金融领域和艺术品领域最深层次的问题，需要双方专业人士的深入碰撞才能权衡出可行的方案。

基金的发起人都有一种集合大资金办大事的美好愿景，都是基于所持仓的寿山石资产能够通过运作实现增值的预期，但是金融行业的先天保守和艺术品行业的先天浪漫却是需要磨合的，目前的现状是绝大多数寿山石从业人员对金融知识相当匮乏，而金融从业者对艺术品交易特点也非常缺乏了解，所以虽然艺术界与金融界都有意愿，但却始终未能如愿联姻。

股权份额化

在寿山石价格高启之后，一块石头由多个所有人共同所有已经不再稀罕，这就是所谓的股权份额化。股权份额化使得多个所有人可以共担风险、共享收益，许多石商们采用这种模式以高价从海外购回早年流出大陆的寿山石精品，这种制度从客观上为国宝的回流增添了强大的助力。

股权份额化现象的产生是市场发展的必然规律，然而由于目前市场缺乏第三方鉴证机构的参与，在确权环节上仍有漏洞，且股权间的转让都要靠私下达成协议，信息极不透明，目前只是依靠民间信用维系，发展仍属于原生态的萌芽阶段。

证券化

艺术品证券化属于资产证券化的一种，就是将艺术品的股权拆分成基本单位，并在公开市场进行集中交易。毋庸置疑，这是一种非常先进的交易模式，是股权份额化的升级版，天津文交所已经在这一领域做了初步尝试，然而由于在制度设计上仍存在漏洞以及我国艺术收藏品市场环境不够成熟，天津文交所的创新未能深入便遭遇政策调控。

艺术品证券化虽然离我们现阶段尚很遥远，然而它能够为艺术收藏品带来的好处是显而易见的，证券化后的艺术品所有权流动性将会获得极大的改善与释放，降低艺术品投资门槛，活跃艺术品交易市场。当有大量的艺术品股票在交易所中流通时，其价值发现功能便会凸显，证券化模式流通的艺术品价格将会更加公允，所以至今仍有不少有识之士在该领域上深耕，希望有朝一日能够有所突破。

寿
山
石
买
卖
秘
笈

天津文交所的艺术品
证券交易界面

附：艺术基金

　　艺术品作为与房产、股票相提并论的三大投资性资产之一，其投资潜力已被社会各界所认同，对艺术品采用共同基金的方法在20世纪70年代西方艺术热潮期曾一度盛行，但遗憾的是这些基金后来却无一幸存。华尔街的金融天才们在当时为何没能让艺术基金发扬光大呢？

　　我们先对传统的大型艺术机构的市场增值策略进行大致的了解：制定商业计划，以低价购买存货，通过艺术馆进行展出，确保艺术品的出处和鉴定的合法性，大力提高艺术品关注度，让存货达到馆藏级别从而可以溢价拍卖出售，或是迅速转卖实现盈利。

　　与传统的画廊相比，艺术基金的优势在于规模、专业和资金，这使得基金能够进行更具影响力的商业运作，并且由于金融机构和诸多第三方机构的共同介入，又为艺术基金提供了强大的增信优势。在此基础之上，艺术基金进行的艺术品市场增值运作将更具力度。

　　大部分艺术品基金采用私募股权的形式开展，设定长达10年的时效期，投资人需要将投资资金中的2%作为基金的运作管理费，并在资本回报率超过6%之后缴纳给基金运营团队20%的业绩费，基金一般从第四年底开始停止购买艺术品并向投资人返回现金回报。

　　艺术基金的操盘策略总体上分为投资性和投机性两种，投资性策略赚的是时间差，基金挑选那些目前价值被低估，但在今后一段时间内大概率上涨的品种进行持仓，有时候基金可以主动采取之前提到的艺术市场增值策略进行运作，只要将运作成本控制在2%的管理费范围内即可；投机性策略赚的是空间差，基金可以从广泛的市场廉价急售和信息不对称中寻找机会，也就是捡漏赚差价。

　　然而在基金实际运作过程中，往往只存在应用投资性策略进行盈利的机会，因为其中存在着一个利益冲突使得投机性策略根本

宋继武刻汶洋石
《蝶恋》

张晓刚的《血缘：大家庭三号》曾是仕丹莱收藏基金（The Estella Collection）收藏中的精品之作，在1995年威尼斯双年展上初次亮相，西方人认为这幅作品是当下处于大转变时期的中国人的真实写照。（图片来源：雅昌艺术网）

无法实现，那就是在发掘投机性机会的时候，理性的操盘手会为个人保留最佳机会，而把疲软的和有风险的资产分配给基金。也就是说如果基金操盘手发现了一个市值10万元的作品卖方只以5万元出售，他会自己买下后以10万元的价格再卖给基金或是转卖他人，因此基金赚取此类差价的机会微乎其微。虽然许多艺术基金都对核心操盘人员进行了机制约束和利益捆绑，但是实效甚微。

此外，高额的交易费用又进一步地限制了基金的盈利，拍卖行平均高达15%的交易佣金，以及各地区不同的销售所得税，甚至跨地区的关税等等，都会让艺术品基金能否获得理论市场中提及的风险收益充满了挑战。

由此我们可以明白，艺术基金成立的时点选择尤为重要。在经济周期处于波峰时成立的艺术基金将面临未来长时期的经济下行，资产价格下跌，实现大额的投资性收益可以说是非常困难，有种逆势而为的味道，而在经济低谷时成立的艺术基金则会面临更好的资产增值预期，也更容易获得超额的投资性收益，犹如顺水行舟，事半功倍。

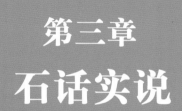

第三章
石话实说

一、石与工

"这一两年市场行情越来越不景气，大家都更爱买有灵度的石头了"，这是笔者在 2013 年福州市场上听到的一位寿山石商家的论调。在 2012 年到 2014 年间寿山石市场持续低迷的时候，仍然持续购买寿山石的主要是两类人，一类是资深玩家，一类是资深商家，他们在选择寿山石时的偏好正是反映了当下寿山石市场主流的价值取向——有灵度的石头。

微透光和全透光的石头就是所谓有灵度的石头，不透光的石头就没有灵度。

"买房买地段"五个字是房地产行业亘古不变的金科玉律。在好地段盖上好房子才能卖出好价格，在其他行业也存在同样的道理。在矿产开采中，花同样的钱投入到品味不同的矿源中，肯定是品味高的矿源获利更丰富，所以先期的选矿工作就显得尤其重要。在体育竞技中，如果不是挑中刘翔去跑百米跨栏，那即使得了全国冠军，也难破世界纪录，因为运动员之间的先天性条件存在差异，就决定了其后天发展最多能走多远。与此同理，在寿山石行业中，好石头配上好雕工也才容易卖出高价。在当前的寿山石市场中，石材的重要程度已然受到专业人士的普遍重视，人们愿意更多地把钱花在石头本身，而不愿意把钱花在雕刻工艺上。

"臂师"周宝庭在寿山石业内可谓大名鼎鼎，他是最早一辈的中国工艺美术大师，以雕刻古兽和仕女见长，其用刀古朴混拙，风格迥异，这一"古拙"之意正是"臂师"几十年雕刻技艺的精髓，就好像画水墨画，画家表面上只花了十分钟作画，但是体现的是画家几十年沉淀的深厚功力。然而周宝庭大师虽然功力深厚，由于他创作作品多以寿山石中石质低劣者为载体，导致作品的总体市场价格相比同一时期同一级别的郭功森等寿山石雕大师要低得多，其经典代表作之一的老岭石双螭穿环钮方章，在 2011 年寿山石拍卖市场巅峰期中只拍出了 35000 元的成交价，尚不如一方标准尺寸的纯净素方章，市场偏好由此可见一斑。

周宝庭刻老岭石《双螭穿环》　　　　　周宝庭刻老岭石《狮子戏球》

　　寿山石市场也是由千千万万的理性人组成的，之所以会形成"一石二工"的现象必然有其内在原因。在人们投资收藏的理念中，"江山代有才人出，长江后浪推前浪"，人才肯定是源源不断的，只要文明还在不断进步，谁都不能保证过去的艺术水平无法被超越，更何况寿山石雕艺术创作进入繁盛期仅仅不足百年，这段历史尚显轻浮，这就使得目前人们不可能用投资书画类艺术品那样的思维去投资寿山石，因此工艺的价值究竟几何仍然需要等待时间的检验。然而，寿山石资源的稀缺性是却市场中的人们感同身受的，并且优质的寿山石原料本身就极美，已经具备了赏玩性，有些精美的素章和原石更已无需雕琢，所以时下先将优质石材囊括怀中抢占稀缺资源的思路占据了上风。

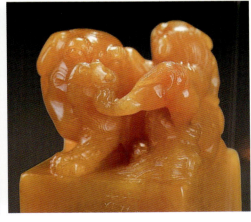

　　80克的田黄石《太狮少狮》钮方章，这一件典型的工料双绝的作品在2013年嘉德秋季拍卖会上以1115.5万元成交。（图片来自雅昌艺术网）

林炳生刻高山石
《伏虎罗汉》

林元康刻奇降石
《铁拐仙》

寿
山
石
买
卖
秘
笈

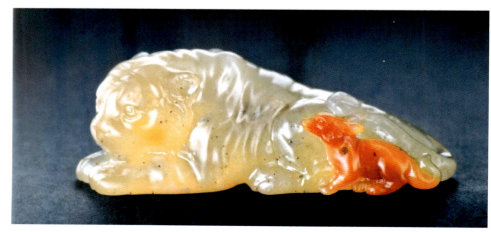

逸凡刻高山石
《狐假虎威》

王祖光刻荔枝洞石
《卧罗汉》

王雷霆刻田黄石
《幽谷鸣春》

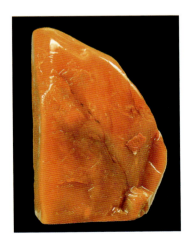

林清卿刻田黄石 995 克《幽谷书香》

"工料双绝"的作品已经逐渐成为当下国石收藏市场追逐的主流。以印章收藏为例，西泠印社的叶一苇先生在《篆刻欣赏的多层次与全方位》一文中谈及从印面、边款、印石、印钮四个方面对篆刻艺术进行全方位的欣赏，受到业内人士的广泛赞同，目前已经有越来越多的人认识到这种发展趋势，开始追求完美的印石收藏品——奇巧的石材、精湛的雕工、有气韵的篆刻、有内涵的边款，让人回味无穷。单纯追求自然美或工艺美对于寿山石收藏品而言都还略显单薄，只有艺术与自然的完美融合，才算得上是神品。

粗劣的机器雕刻（左）与精致的手工凿刻（中、右）对比。

黄恒颂刻寿山黄洞岗石《九狮九龙对章》，这是近代的纯手工凿刻工艺。

然而令人遗憾的是，市场中仍有许多人尚不懂得欣赏雕刻技艺之高低，有些连机器工和手工雕刻都无法区分，更不用谈赏析品读雕刻艺术的细节表现。在自身审美品位有限的情况下，只好追求大师作品，但殊不知任何一位艺术大师的作品亦有高有低，大师一生中创作的所有作品并非都是优秀的，因此盲目追求是非常不可取的。

林亨云刻的墨晶石黑熊（局部）与焓红石北极熊（局部），写实的雕刻技艺已经炉火纯青，难以逾越。

　　此外，现在寿山石市场中还有一部分人具有崇古精神，认为很多老一辈艺人的精湛的技艺是无法重现的。就我们目前的市场环境来看，的确如此。在当前全社会急功近利的浮躁风气中，一门心思专注于艺术创作的雕刻家还真是少得可怜，所以许多老艺人已经成为了一座座难以逾越的高山，他们的许多作品是在当时特定的环境条件所产生，见证了那一段无法再现的人文历史。但我们也无需妄自菲薄，在信息化的时代背景下，今天的雕刻师们接收到的咨询信息远胜过以往任何一个时期，理论上讲他们拥有更优越的基础条件，完全能够充分汲取前人所长，在传承的基础上做出更符合现代审美的艺术创新。

　　艺术创作具有一定的时代性和潮流性，在不同时期有着不同的政治导向、不同的审美倾向、不同的流行元素，寿山石雕艺术也不例外，目前我们正处于前所未有的古今中外文化交融之际，寿山石的创作目前正是百花齐放的好时代，

林发述刻奇降石《得福》。作品刻一醉仙扑得一蝙蝠于岩石之上，既有石质粗细之对比，亦有色彩浓淡之反差，取巧创意之妙令人赞叹。

观念开放、包容性强、信息量大、接受面广、尊重传统、崇尚创新，寿山石创作的题材形式丰富多样。市面上常见的既有传承百年的宗教类题材（弥勒、观音、罗汉）、民俗类题材（寿星、童子、渔翁）、古兽类题材（滚狮、螭虎、龙凤），也有文人雅士钟情的风景类题材（高山流水、渔樵耕读）、文房雅玩类题材（梅兰竹菊），还有现代艺人们探索的写实类花鸟题材（鸟语花香、海底世界）、人体题材（海的女儿、花仙子）、动物题材（求偶鸡、北极熊、奔马）等等。不论何种创作题材，那种寄情于景、借物铭志的情怀常常融合在寿山石艺术创作中。

郭功森刻善伯洞石《螭鼎壶》，这种文房实用器型在寿山石资源日益稀缺的今天已经相当难觅了。

王祖光刻荔枝洞石《观音》

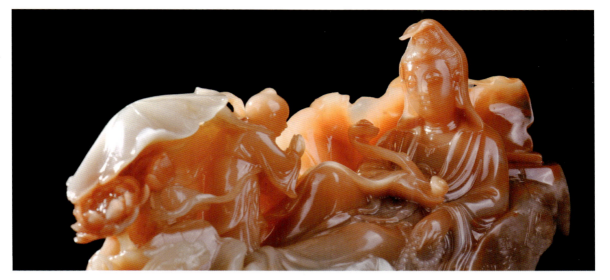

正是在这个百花齐放的时代，大量新思路、新作品不断问世，优质寿山石原料日渐稀缺，越来越多的雕刻师们开始重视因材施艺，特别是对原石中瑕疵缺陷的处理上下工夫，力求化朽为奇，达到"此石只当配此工"的最佳状态。

由于寿山石创作受石材原料限制很大，许多特定的创作题材对原材料的要求很高，否则难以呈现最佳创作效果。例如古兽手件雕刻以浑圆饱满的石材为佳，这样创作出来的作品结构比例才能协调，也更适合把玩，但是如果硬生生地将题材套到不够理想的石材中去，肯定难以达到预期效果，"强扭的瓜不甜"，这种情况下宁可惜时惜工，也不要将就而为之。

然而无论寿山石雕题材如何创新，始终有一个准则是不能够摒弃的，那就是作品必须符合人们天性中对美的感觉，小到线条的勾勒、黄金分割的应用，大到结构上的协调、布局上的呼应，都要讲求韵律，让人产生美的感觉，没有任何美感的作品是没有灵魂的。

郑继刻月尾石《夜海》

　　"温、润、细、结、凝、腻"乃石之"六德",其实说的就是寿山石的质地,这是前人评价一块寿山石石质优劣的六个方面的考量尺度。一块石头的石质好意味着这块石头表里如一,并且能够始终如一,不会因为主人保养不当而变得暗淡、干燥、开裂、内爆、起斑等等。质地好的石头石性必然稳定,这确保了石头在与主人共度的漫漫人生路上能够永葆青春。

　　前人用"六德"来评判寿山石的质地,这是几百年来传承下来的标准,但这一标准重在"意会",对于新入门的爱好者来说犹如天书,新手自身需要具备大量的寿山石经验之后,慢慢形成视觉和触觉上的对比感受差异,才能领悟此"六德"。

清·羊脂白和田玉籽料印章

　　本书尝试用一种略为通俗的指标——"三度"——来对寿山石质地优劣进行评判,即细腻度、通灵度、纯净度,希望能够帮助新手们缩短入门的时间。

　　首先是细腻度。

清·翠玉白菜摆件

　　寿山石的矿物组成是地开石、叶蜡石、高岭石和伊利石,它们的本质都是由铝硅酸盐的某种多晶质体组成。寿山石并不是由纯物质结晶成矿,其成矿颗粒大小也有差别,这与翡翠玉石的成因相类似。颗粒较小并且排列紧密的石头其细腻度较高,摸起来感觉致密度强,掂在手中分量略重,视觉上光泽度也强,这与人们挑选翡翠或和田玉的评判标准也是相通的。

　　某些寿山石品种如老岭石、山秀园石或比较典型的青海灯光冻石,它们普遍颗粒较大,也就是细腻度较差,表现在手感上较生涩,同时不容易打磨平整光滑,这是因为晶体的颗粒会比周边硬,所以颗粒越大这个差异也就越明显,这些石头打磨时往往会产生亮点或斑驳感。现在的打磨技术还是可以把这些石头打磨得看上去很细腻很油滑,但却无法改变其颗粒大的本质,所以经过较长时间把玩以后依旧会变得生涩。为什么呢?举个例子可以帮助大家理解,你用水泥浇注成一块石板,水泥颗粒很细腻,所以表面

清·铜镀金鳌蝠寿寿星如意(局部)

比较光滑，在上面越走越油滑光亮，但你如在水泥中加了很多石子或黄沙，那就不太容易磨平整。用机器可以将来磨平，但时间长了，水泥的地方硬度较低就凹下去了，而黄沙和石子由于硬度较高就突起了，这样时间久了表面就反而变毛了。这就是它们盘玩久了会变得生涩的原因，其实它们本来就是这样，即使人为磨光后还是会变回它们原来的样子。

其次是通灵度。

细腻度描述的是触感，通灵度描述的则是光感，福州本地的寿山石商人喜欢把这个感觉用福州话的"通"来表达，会"通"的石头才是好石头。它包括三个方面：石材透光度、表面光泽度、色彩艳丽度。其实这三个方面都只是外部表象，其本质是人们通过这三个外部表象来判断石材内部结构的致密度，它才是决定石质优劣的关键性内因，从经验上来说，石头的致密度越强，光感就越强。致密度是反映晶体间隙大小的指标，它不同于密度，虽然跟密度有很大关系。同时致密度也不是大家平时所说的结构，很多人把看结构当成了看致密度，这是不对的。就以寿山石中的芙蓉石为例，芙蓉石中按照质地石性划分又有结晶性芙蓉石、老性芙蓉石、碱性芙蓉石（又说"囝"性芙蓉石，福州话中"囝"是新、幼的意思）三个大类。其中碱性芙蓉石与前面两种芙蓉石其矿物

碱（囝）性芙蓉石

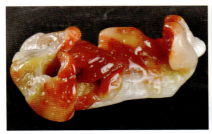
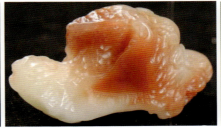

结晶性芙蓉石

组成成分都是一样的，细腻度也都很高，但是如果碱性芙蓉石与前者相比存在一个最致命的石病：如果缺乏保养很容易开裂，但长时间浸在保养油中颜色又会逐渐发暗。导致这一石病产生的原因归根到底就是碱性芙蓉石本身致密度不高，晶体间存在较大的孔隙，如果不进行保养，在干燥环境中石材内部的结晶水丧失后会导致开裂，如果用保养油进行保养，油质分子又会渗入石材内部孔隙，使石头色泽变暗，让人进退两难。因此，虽然芙蓉石享有"石后"的美誉，但碱（团）性芙蓉石在市场上仍然备受冷落。在光感表现上，碱性芙蓉石无论是在透光度、光泽度、艳丽度上都不及前两者，在市场中相对容易甄别区分。

老性芙蓉石

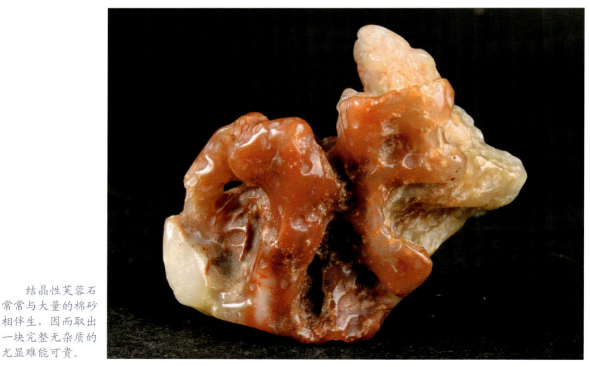

结晶性芙蓉石常常与大量的棉砂相伴生，因而取出一块完整无杂质的尤显难能可贵。

寿山石买卖秘笈

简单概括起来，就通灵度这一标准来说，又透又亮的石头质地才算好，只透不亮或只亮不透都还不足以称作好石头。（亮是光泽度强，高山石和坑头石中有很多都能透光但是颜色发暗，表面缺乏光泽度，这也是石质不够好的表现。）

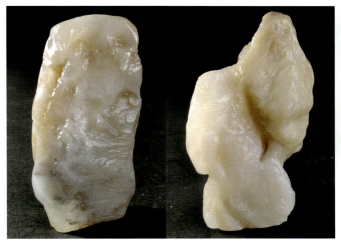

高山冻石（未磨光）

碱（囝）性高山石

高山晶石（未磨光）

高山晶石（略微磨光）

碱（田）性高山石

高山冻和高山晶石

最后是纯净度。

这里的纯净度指的是石材的纯度以及石材中杂质含量的多少，即整块石材的质地是否均匀一致（寿山石同一块石头中不同部位的质地不一致是常见现象），是否有棉、糕、针、絮、格、水线、纹等瑕疵。对于石材的优劣，纯净度只是一个辅助指标，需要与其他指标综合来看，同时也要看瑕疵在什么位置，到什么程度。比方说，一个美女身上长了一颗小痣，是不是就不是美女了呢，当然不是。那么长在脸上呢，也不一定，要看多大，是不是影响美观，说不定是颗美人痣反添了几分美丽，但如果脸上有几十颗上百颗黑点或痣，即使是小的，那也是麻皮，如果更是大的，那就丑陋不堪了，看石材的瑕疵也是如此，都要依据具体程度来判断。

新手玩家通过观察寿山石的这"三度"，可以大致辨别出石头质地的优劣，当然在不同的石种之中这"三度"的表现还有些许差异，只有通过多实践积累经验，眼力才能有更进一步的提升。

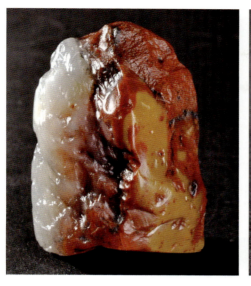

一颗质地还不错的高山石原石，但是在主要部位有许多明显的瑕疵和杂质，因而影响到它的价值。

三、石种与石质

寿山石矿自清朝以来大量开采，已出产超过 150 个品种，大多品种根据其开采地（矿洞）的不同进行命名，并且其中很多都有一段动人的故事，构成了独特的寿山石文化——有人将此称为"坑洞文化"。

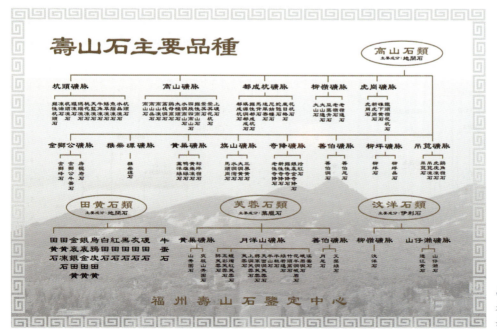

《地理标志产品寿山石》颁布实施之后的寿山石最新分类标准

不同的石种有着不同的表象特征，鉴定师们就是根据这些特征对石种进行鉴别区分。刚刚接触寿山石的新手常常会对此比较在意，在跟别人的交流学习中，听前辈们评价石头一般都只说什么石种是好石种，可以多买，什么石种是差的石种，应该少买——就逐渐融入了坑洞文

林飞刻都成坑石《盲人摸象》

林依友刻杜陵石
《螭虎戏钱》

林东刻善伯洞石
《老顽童》

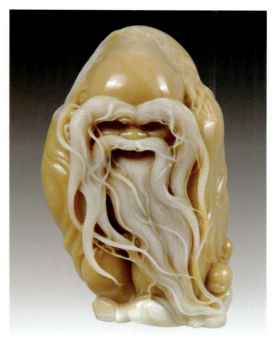

郭功森刻善伯洞石《羲之爱鹅》　　　　　　林东刻银裹金奇降石《寿星》

化中。就像是大部分人会推荐"杜善奇"——都成坑、善伯、奇降，不会有人推荐"老峨柳"——老岭、峨嵋、柳坪。新手们会开始钻研石种之间的细微差别，让自己能够准确依据石头之间的细微差别来区分石种，并从中获得成就感和认同感，从而认为自己买到了好石头。

　　然而新手们常常有所不知的是，在一个好石种中并不是所有的石头都是好的，譬如都成坑石也并不是个个都有好质地，砂性和碱性的都成坑石也充斥着市场。而对于精通各类型石头的老手而言，他们在挑选石头的时候，什么石种不重要，英雄不问出身，他们在乎的是石头本身的质地。好石种之所以被人们称为好石种，是由于它本身的质地上乘，从而有口皆碑誉满天下。每个石种中都有高品质的石头和低品质的石头，石种的口碑差异源自于高品质石头所占比例，像荔枝洞石这个石种中高品质石头所占的比例非常高，所以名声在外。而芙蓉石中，碱性芙蓉所占的比例很大，所以即使它在清朝时曾有"石后"的美誉，但是后来在很长一段时间内并不为寿山石业内的人们所认同，直到后来结晶性芙蓉的大量开采才造成了芙蓉石价格在 2009 年后摧枯拉朽式的上涨，质地优异的结晶性芙蓉石受到了市场的狂热追捧。

所以购买好石质才是真正的目的，并不是买到了好石种就意味着拥有了好石质。如果新玩家一味追求买的石种是否田黄、荔枝、都成坑、奇降，自己却对石质不甚了解，那就本末倒置了。这种现象在和田玉市场上也同样存在，很多新手一味追求籽料皮色如何，忘却了对玉质的把握而舍本逐末。

碱（团）性善伯洞石　　　　　　　　老性善伯洞石

碱性奇降石

老性奇降石

碱性都成坑石　　　　　　　　　　　　　　　　　　　　　　　　　　结晶性都成坑石

老性都成坑石　　　　碱性高山玛瑙石　　　　老性高山玛瑙石

碱性黄巢洞石

老性黄巢洞石

讲讲那些行家不愿意分享的事情

四、"石"色性也

喜欢翡翠的人大部分都知道，玩翡翠是以玩绿色为主，玩家们根据绿的程度将其分为帝王绿、正阳绿、晴绿、翠绿、苹果绿等等，绿得越浓艳，越受欢迎，也越稀有，于是常常听人们说"色差一分，价差一等"。在和田玉中亦是如此，和田玉以白为美，现在人们常以香烟的白纸为标，白度差一级，价格也差一等。

寿山石色彩更加绚丽多姿，以红黄白三色为主色调，市场中也存在一个大致的色阶与价差的对应关系。由于"黄"字读音与"皇"字相近，并有"田黄石帝"的美誉，故而寿山石以黄为贵。从稀缺程度上来看，寿山石中黄色的石头相对于红色和白色的石头也更为稀少，因此更巩固了其价值地位。百年以来，文人墨客根据寿山石黄色的程度差异，将不同类型的黄色形象地命名为黄金黄、橘子黄、桐油黄、鸡油黄、枇杷黄、蜜黄、熟栗黄等；把红色则分为蜡烛红、瓜瓤红、朱砂红、柿子红、李红、酒糟红等；把白色分为羊脂白、藕尖白、猪油白、冰糖白、象牙白、瓷白等。也正是有此文化积淀，吸引并培育着一代代骨灰级的爱好者不断研究、收藏。

冰糖白荔枝洞石《鳌龙》

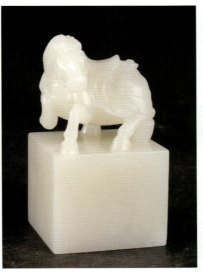

周鸿刻藕尖白芙蓉石《志在千里》

吴雁舟刻象牙白高山玛瑙《观音》

猪油白高山石，油浸后会由外向内变得晶莹剔透

王铨俤刻瓷白芙蓉石《自在容颜》

对于新入门的爱好者而言，对颜色优劣的判断尚无需发挥太多想象力，总体上认准以均匀、浓艳为佳，浑浊、暗淡为劣。不同颜色之间本也没有太多优劣之分，完全取决于每个人的喜好，但如果一定要像其他玉石收藏门类一样为各种颜色排个序的话，根据当前市场上价格对比，大致上可以排为：黄、红、白、绿、紫、灰、黑。但是这个排序也并不是绝对的，在不同的石种之间又有所差别，比如花坑石以粗质白色为基底，有淡绿色晶体为佳，如果晶体呈现黄色则更好，如果呈现红色更为罕见。

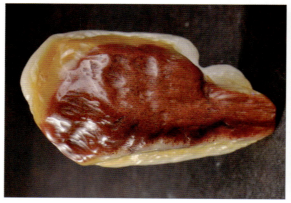

寿

山

石

买

卖

秘

笈

红黄白三色相间的原石是市场上最走俏的

在鉴别寿山石的颜色时，所处环境的光线条件是非常重要的。学过物理的人都知道，当光线照射到物体上，物体会将部分光谱吸收，而物质呈现出来的颜色其实就是它的反射光谱。而不同的光源其光谱组成本身就存在巨大的差别，因此当我们在不同的光源下观察相同物体时自然就会有不同的视觉感受。曾经就有位收藏家向笔者感叹田黄石的神奇，他说在清晨、中午、傍晚、阴雨天、深夜等不同的时候，田黄石的颜色会发生变化，其实就是由于光源发生变化所导致，换作其他石种亦是如此。

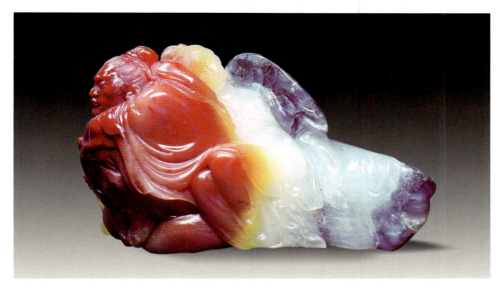

观察寿山石最佳的光线条件就是在温和的室内自然光下进行，所以为寿山石拍照其实是一门很专业的技术活，如何才能最真实地反应寿山石的"英雄本色"，在光线的调节上是个难点。

五、石之美

寿山石的自然美存在于很多方面，从不同的角度去欣赏会有不同的感受，尤其是在细节上的千变万化，非常符合东方人的文化和审美品位，让人美不胜收。凡是能够带给人美感的石头，都有之存在的意义和价值。

奇巧之美

在众多宝玉石收藏品种中，寿山石是最讲究奇巧之美的，能够给人奇巧享受的寿山石，一直以来都是收藏家们的宠儿。奇巧之美，既是纹理奇特，让人浮想联翩，又是巧色鲜明，令人惊叹叫绝。

鸡母窝石《鹰眉罗汉》

林飞刻都成坑石
《玉兔嫦娥》(局部)

寿
山
石
买
卖
秘
笈

菊花钮章

黄巢洞石《螭虎戏钱》章

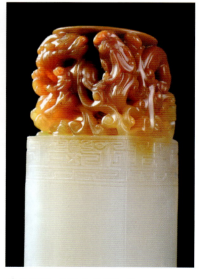

荔枝洞石《螭虎戏钱》章

结晶芙蓉石《玉兰蜗牛》

水洞高山石《松鼠南瓜》

石癫刻荔枝洞石《鳌鱼》

叶子贤刻花坑石《渔父》

林文举刻荔枝洞石《硕果累累》薄意章

晶冻之美

晶冻之美只存在于寿山石结晶性的石头中，也是最吸引大众目光的一种美。有的像玻璃那样可以隔石观物，有的像果冻般盈盈欲滴。晶冻石头质地纯净者较为难得，杂质在此时一览无遗，许多常伴随有细小的黑针杂质，如果细小的杂质数量很多还会导致整块石头看起来颜色发暗。

郭祥忍刻水洞高山石《玄武》

郑颖艺刻水洞高山石瑞兽章

石癫刻水洞高山石《渔获》

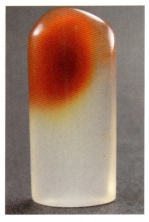

水晶桃花冻石素章

成冻结晶的芙蓉石原石

成冻结晶质地的高山石原石局部放大

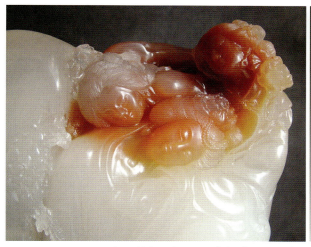

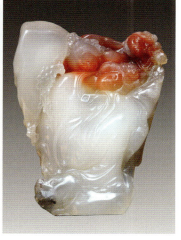

林飞刻水洞高山石
《贵妃醉酒》

林飞刻水洞高山石《贵妃醉酒》（局部）

郑则金刻坑头晶石《白兔》

　　成冻结晶的石头在寿山石各大类的石种中都存在，即使是在奇降、老岭、峨嵋这些人们印象中毫无灵度的石种中也有存在，只是极难一见罢了。

　　晶冻以灰色、白色相对较为多见，黄色、红色较少见，褐色的牛角冻、蓝色的天蓝冻、绿色的艾草冻则更为难得。

林飞刻坑头晶石
《童子拜观音》

寿
山
石
买
卖
秘
笈

纯净之美

纯洁无瑕是寿山石收藏中最容易为人们所接纳的一种美，并且纯净的石材相对稀缺，更使此番美感显得难能可贵。

郑世斌刻红田石《福在眼前》

巴林水黄冻、白善伯洞石、高山朱砂冻三素章

石癫刻蟠虎、古象

林飞作黄巢冻石《螺女》，淡淡盈绿甚是可人

王铨俤刻荔枝洞石《童子拜观音》

环冻之美

在成冻结晶的石头中，有些石头还具有环冻肌理，就像水珠、水泡一般，或零星分布，或环环相连，甚是好看，常见于水坑石、坑头石、高山石中。

环冻肌理本是一种石病，属于内爆的一种，所以有时候在保养油的作用下环冻会消失不见，待保养油挥发之后又会重现。环冻肌理有其独到的趣味，雕刻师们常常取巧雕做吹泡泡或海底世界等题材，容易融合成天趣人意的效果。

坑头晶环冻石

坑头牛角冻环冻石钮章

林东作高山环冻石《吹泡泡》

丝絮之美

　　寿山石中很多石种都有丝絮，细一些的称为丝，粗一些的称为絮。古时候的人们曾将石中的丝絮视作为一种杂质，被人嫌弃，时至今日，寿山石的丝已经成为它的一大看点，在很多石种中都以有丝为美，尤其是细腻的萝卜丝纹，那种细节上无序缥缈而整体上若隐若现的萝卜丝纹，非常符合东方人的审美情趣，备受玩家追捧。

　　萝卜丝纹在田黄、荔枝、高山、鲎箕、玛瑙、太极、杜陵等多个石种中都有存在，同有"国石"之称的巴林石以及近期市场上的宠儿老挝石中也广泛存在着这一丝絮之美。

高山石萝卜丝纹理

都城坑石的萝卜丝纹

刘明亮刻坑头鳝草冻石扇面

高山石的丝絮纹理

周宝庭刻《犀牛望月》，高山石的丝网状肌理清晰可见。

大山石的波浪状丝絮　　　　玛瑙洞石仿佛天然水墨画的丝絮纹路

水洞高山石的萝卜丝纹　　荔枝洞石的萝卜丝纹　　鲎箕石的丝纹

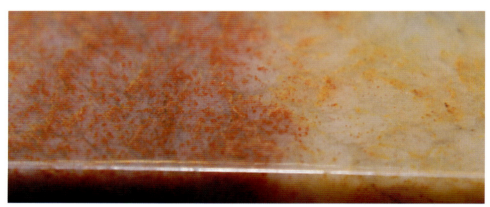

优质鲎箕石的金丝与朱砂交织密布的肌理

巴林石的丝絮纹理

寿
山
石
买
卖
秘
笈

网格之美

在寿山石的某些石种中,大面积的格纹纵横交错,将石头分割得七零八乱,但在整体上却形成奇妙的网格状肌理,别有一番趣味。就像是曾经《经济学人》评价2008年北京的奥运主场馆"鸟巢"时形容的——"看起来杂乱无章的线条构筑起一个庞大而有序的整体。"

这种肌理在水洞高山、高山玛瑙、花坑、大山、鲎箕等石种中都能找到。

大山石的网格纹理

水洞桃花石博古对章,
朱砂交织成网格状纹理。

花坑石的晶格纹理

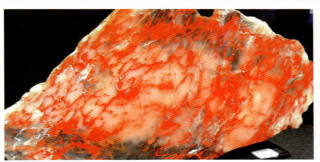

巴林鸡血石的网格纹理

煅红石形成
的类似于瓷器开
片的网格纹理

金沙之美

金沙的矿物成分是绢云母，在寿山石某些石种中能够见到，如善伯、月尾、都成坑、芙蓉等，算是寿山石中较为稀奇且人见人爱的肌理之一，大面积细密的金沙能够让石头价值倍增。只要用手电筒对着石头表面一打光，金光闪闪如天空中的繁星，妙不可言，有金沙的石头能增添另一番潜藏的趣味，给人一种别有洞天的体验。

此善伯洞石玺章的红色部分金砂反光特别明显

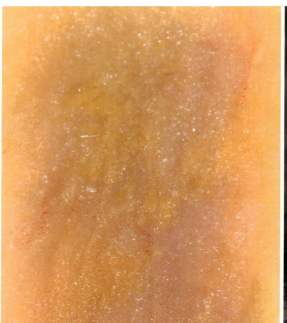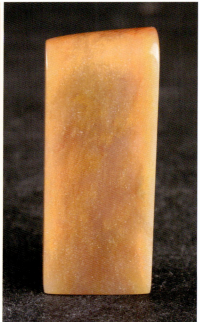

巴林石的金沙

朱砂之美

朱砂是寿山石中的一种较广泛存在的肌理，在高山系和芙蓉系两大类中都有存在，它是一种硫化汞的颗粒，其颗粒有大有小，排布有疏有密。只要朱砂颗粒在冻底的石头中呈分散排布，就富有美感，在强光下朱砂颗粒跃然眼前，极具立体感。

高山冻石质地下的朱砂颗粒放大观察

如果朱砂的颗粒细腻且均匀稀疏地分布在透明度较高的冻石中，则称为桃花冻，美艳非凡，是无数寿山石收藏家们追捧的明星品种。在清朝就有先人对此倍加推崇，毛奇龄《后观石录》记载："桃花水——石有名桃花片者，浸于定磁盘水中，则水作淡淡红色，是其象也。或曰：如酿花天，碧落蒙蒙，红光晻然，宜名桃花天。旧品所称'桃花雨后，霁色茏葱'。庶几似之"。又云："石类水色中有红白花片，随水上下。"桃花之美由此可见一斑。

郭功森作水洞高山石方章　　林清卿刻水洞高山桃花冻石　　水洞高山桃花冻螭虎对章
　　　　　　　　　　　　　　　《游赤壁》

颗粒之美

除了朱砂之美外，在众多国石品种中还有很多其他类似的多彩颗粒，凝于石中，形成一种特殊的微观风景。如巴林的流沙冻、鱼子冻，青田蓝星，寿山山秀园石的雪花糕等等。

蜡质山秀园石的雪花糕

黄巢洞石的白色颗粒犹如夜色雪景

这颗黄巢洞石下半部分，细密的白色颗粒犹如大漠流沙。

青田石蓝星冻

巴林石黄鱼子冻

巴林石三色鱼子冻

水草之美

水草纹是一种较为特殊的纹理，在寿山石中极为少见，只有少数黄巢洞矿脉中的松柏岭石和优质的奇降石、花坑石中偶尔出现，而在巴林石和玉石中常会见到水草纹，多为黑色，少数有红色，绿色则极少见。或丛或簇，摇曳多姿，天然形成一种动人画面，"瑶池澄澈生幽草，天工妙手写丹青"。

寿山柳坪石的水草纹

巴林水草冻石形成的天然奇景

巴林水草冻方章

郑世斌刻巴林水草冻石《秋浦行舟》

条纹之美

流水线条纹是寿山石中的一大特色纹路，以山坑之首的杜陵石最为典型，太极、高山、山仔濑、芙蓉等石种中也能看到，近些年在漳州地区新开采的平和石和老挝石也有此类纹路。流水线纹多在夹板或粘岩的部位形成，有色彩丰富者酷似彩虹。

杜陵石的流水纹

巴林木纹石

老挝石流水纹

包裹之美

寿山石和昌化石都有次生矿，就是从母矿山料中脱离出来后，滚落在山间溪头的独石，外表包裹上一层石皮，滋润油腻，手感颇佳，有时候一块石头在每年雨季暴雨洪水的作用下迁移，还会裹上不同颜色的多层石皮，有黄色、白色、黑色、灰色、绿色，甚是有趣，这些石皮常被雕刻师们作为创作取巧的素材予以保留，有包裹石皮的石头被当地人称为独性的石头——掘性石，其价值也比其他石头来得更高。寿山石中最著名的独石就是田黄石了，除此之外还有溪蛋、金狮峰、牛蛋、掘性杜陵等等，根据母矿的不同以及埋藏地的不同而各有差异，品类繁多。

除了掘性石的石皮之外，寿山石中的奇降石和善伯洞石也常常会形成包裹形态，其中以银裹金形态最为典型。

石癫刻乌鸦皮田黄石《蝉》

郑世斌作乌鸦皮银裹金田黄石《竹报平安》

林东作善伯洞石《寒春流芳》

林飞刻芙蓉石
《螺女》

质地优异的牛蛋石包裹着白皮与乌鸦皮

137

寿山石买卖秘笈

讲讲那些行家不愿意分享的事情

奇纹之美

寿山石中的某些石种常常带有天然成趣的奇特纹路，有些甚至不需雕琢已然成画，令人惊叹大自然的鬼斧神工。这些奇特的图纹多见于山秀园、花坑、大山、奇降等石种。

林飞作花坑石《观瀑图》

林飞作花坑石《云中君》

林飞作奇降石《高处不胜寒》

郑世斌刻虎皮花坑石《禅》　　　　吴立旺作山秀园石《天象奇观》

这块高山鸡母窝石的奇特纹理很像阴天里的云雾

奇降石素章　　　　　　　　　奇降石素章
《龙睛》　　　　　　　　　　《蝴蝶翅膀》

磅礴之美

寿山石除了能见精致小巧，亦可让人领略大气磅礴，这在许多大型雕件上展现得淋漓尽致，让人敬畏大自然石色天成的同时，感叹雕刻艺人的鬼斧神工。

林亨云刻焓红石
《寒冬一霸》

林亨云作四股四高
山石《海底世界》

林飞刻芙蓉石
《女娲补天》

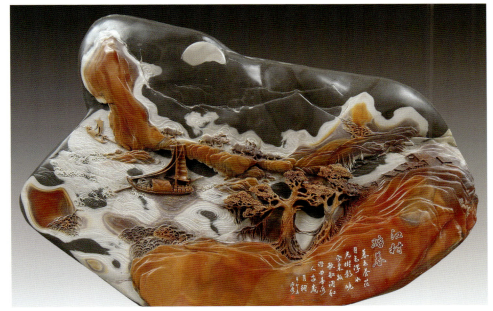

石秀刻山秀园石
《江村踏暮》

六、难觅好石

坑头牛角冻石《苍龙戏水》

郑世斌刻云纹鱼鳞冻石

林文举刻坑头晶石《鱼乐》

水坑水晶冻石

石醉作蜡质山秀园石《霞光映景》

结晶性蜡质山秀园原石

蜡质山秀园石马钮章

优质的琪源洞杜陵石细腻坚韧、油性十足，可以
与田黄石相媲美。

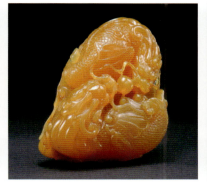

石癫作琪源洞杜陵石《双鳌戏珠》

江依霖刻琪源洞杜
陵石《坐看云起》

掘性大山石

大山石素章

郑世斌刻大山通石《心清闻妙香》

三彩奇降石原石

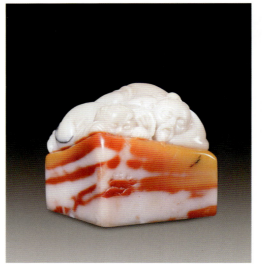

林飞刻彩虹奇降石《观鱼》

王祖光刻彩虹奇降石《观音》

松柏岭石素章

林文举刻黄白荔枝洞石

荔枝洞石素章

鹿目石《梅兰双清》，质地之优堪比田黄石。

豆耿石以纯黑发亮为上品，虽然石质乌黑，但是刮下来的石粉却是纯白色的，略带灵度的豆耿冻石更是难得一见。

杨传烈刻鹿目石《观音》

虎嘴老岭石

五彩脱蛋善伯石

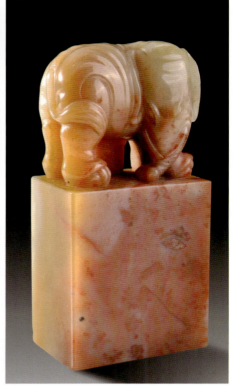

金沙地脱蛋善伯石

周宝庭刻脱蛋善伯石《古象》

　　金沙地银裹金脱蛋善伯石，脱蛋善伯石一般质地都非常优异，常具有银裹金形态，肌理中带有金沙但是常常伴生许多杂质，纯净无杂的脱蛋善伯石十分难得。

白底黄晶的虎皮花坑石

鲎箕花坑石又
称"大红袍"

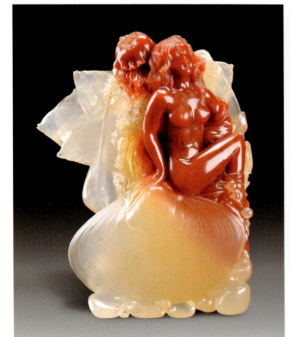

乌鸦皮银裹金金狮峰石

林飞作高山玛瑙冻石《蚌仙》

叶星光刻水洞高山石《济公》

将军洞白芙蓉石

方晓刻结晶性芙蓉石马钮章　　　陈强刻纯黄老性芙蓉石

姚仲达刻黄芙蓉石《胆怯的貘》

老性黄白汶洋石

陈达刻蜡烛红芙蓉石

七、再谈石性

石商常说"寿山石个头越大越稀有"，这句话本没有错，但是他们常常少说了一个前提是"质地首先要好、石性首先要老"。寿山石贵在精，次在大小，这道理跟翡翠是一样的，先看种水再看色，然后拼石材大小。

何谓石性稳定不稳定？从微观层面来讲，就是石头的晶体结构是否排列得紧密，晶格能量是否降到最低，外界物质是否容易让其发生改变。对于玩家而言，更直观的现象就是石头在与主人漫长的相处过程中是否能青春永驻，会不会发干、发暗、开裂、内爆、起斑等等。

对于寿山石石质的把握其实在地矿学上就是一个选矿工作而已，只是在寿山石行业中，这一工作是一个关键的核心技术环节，而且没有专业的地矿工作者会帮我们甄别。如果选矿工作没有做好，石头便不那么受人喜爱，未来艺术创作加工后的作品价格空间也会受到局限。

常常混迹于寿山石市场上的人耳边总会听到石商们以福州方言"性碱（性团）"和"性老"来形容寿山石的石性差异。碱性的"碱"是福州话的音译，"碱"在方言中应该是"团"字，音同"碱"，形容小孩子的嫩，借用来形容"不成熟、不够老"的意思。而被人们称为冻石和晶石的则是石中上品，石性老、结构稳定。

寿山石号称有150多个品种，目前市面上常见的大约30余种，每个石种都有性老的和性碱的石头，没有哪个石种只产老性优质石头而不产碱性的，即使是质地优异、艳压群芳的荔枝洞石，其中也有部分是碱性的。

碱性石头常常表现为如果缺乏保养就易发干、易开裂、甚至内爆，但长期在养护油的作用下却会变色，这些现象在不同的石种中其表现的程度不一样，在碱性的芙蓉石和高山石上尤为明显。老性的石头则不会出现上述情况，长时

数十年包浆后的白高山石色泽泛黄，章体上的裂纹也被包浆沁入而显得古味十足。

间把玩后外表会裹上一层淡淡包浆，颜色不会发暗，也不会有新的裂纹产生。

依目前的科学技术，石性不稳定的石头是无法改性的，最好的办法就是敬而远之。对于新手而言，如何区分鉴别石头究竟是老性的还是碱性的呢？其实本书前文已经提及，可以凭借对石头"三度"的把握进行判断。老性（结晶性）的石头，往往细腻度和通灵度都很好，而碱性（新性）的石头，不是细腻度不够就是通灵度不佳。新手朋友们只有通过多接触石头多作对比，方能感受石头间细腻度和通灵度的差别，从而对石性形成准确的认识。

林寿煁作高山石《金鱼荷叶盘》，猪油白高山包浆效果，有裂纹的地方更容易沁入油质产生包浆。

包浆的高山冻石

老高山石的包浆沁色，石质疏松处的包浆较厚。

荔枝洞石由于石质凝结难以沁色，在章体处往往较难形成包浆。

在同一块石头中的不同部位石性也会有差异，图中的石头左边石性比右边稍好。

八、石病攻防

裂 纹

裂纹是所有寿山石玩家必须迈过的一道坎，这是寿山石最普遍的石病，如何快速发现石头中是否有裂纹是所有有志于寿山石收藏的玩家必须学会的技巧之一。

裂纹形成的原因，大致有三种。其中一种寿山石业内目前比较一致的说法是在寿山石开采的时候，由于炸药的大量使用以及搬运过程中的各类撞击，从而使石头

芙蓉石中的裂纹

发生震裂而产生裂纹；此外，碱性石质的石头长期在干燥环境中暴露，甚至在高温下暴晒，也会产生裂纹，这一变化多是由于碱性石头内部的结晶水在干燥环境中挥发所致；还有第三种成因就是由于石头局部受热不均，热胀冷缩导致裂纹形成，当我们用锯子切割石材时尽量不要贪图速度快，用力过猛让锯片局部产生高温，石质不够稳定的石头在这种情况下极易发生开裂。

石头存在裂纹，势必会影响石头的价值。根据裂纹存在的部位、长度、深浅、走势的不同，会对石头价值产生不同的影响。为了将石头卖个好价钱，人们会采取三种方法来掩饰裂纹的存在。

第一种就是浸油或抹油，这是目前寿山石市场上几乎所有商家都会做的一件事情。抹油本身是对石头的一种保养，算不上什么故意的掩饰手段，因此买卖双方都接受这种做法。只是抹了油后的石头，裂纹便不是那么容易被发现罢了，需要买家自己仔细用手电筒检查石头表面，如果仍然不放心可以拿纸巾将表面保养油擦拭干净后再仔细检查，一般卖家都不会介意。由于光线在经过裂纹处时折射率会发生改变，因此只要仔细检查便不难发现它们，对于一些较深的裂纹甚至可以用手指对石头用力挤压，便可看见在石头表面的裂隙处渗出油来。很多老玩家还可以通过石头的雕刻图案来判断裂纹大致的存在位置，进行重点检查。比如刻薄意、博古、浅浮雕等手法都是常用的"化裂格"雕刻技法，如果某块石头很纯净的部位刻意进行了雕琢，或是某个雕刻的线条不够自然，这都是石头该部位存在裂纹的前奏，我们由此顺藤摸瓜便不难发现它。

第二种掩饰方式是打蜡，这一手段比抹油略为高级，蜡的折射率跟油一样，与石头相近，并且更不易挥发，因此能够掩饰裂纹的时间更长一些，买家要把石头买回家把玩一阵子待蜡褪去之后才会发现。但是由于打蜡工艺需要对石头进行预加热，会增加石头开裂的风险，这就对石头本身的耐热性有一定要求，一般来说石商们是不愿意拿好石头去冒这个风险的，所以市面上进行打蜡处理的石头多是以老岭、峨嵋等粗质石材为主。

第三种方式是注胶，也是最恶劣的一种方式，已属于制假范畴，它是将黏合剂注入石头的裂隙中再将表面打磨平整。用这种方式处理裂纹之后，仅用手电筒照射石头内部很难发现，因为黏合剂的折射率与石头几乎完全一致，即使发现了，某些奸商会说这是石头天然的"水线"纹路，难以鉴别。笔者在此介绍几种方法来鉴别是否买到这种劣质品：由于黏合剂属于胶质，其韧性比石头强，因此在打磨时较难磨平整，裂纹表面往往会表现为轻度凸起，买家如果在石头表面发现有一片线状凸起则要格外小心，判断是否注胶；如果买方允许，注胶处的刀感与石头的刀感是完全不一

连江黄石的裂纹

样的，用钥匙一划便知；注胶的石头，在经历若干年长时间存放后，注胶部分会慢慢氧化，颜色变深变黄，这也是注胶最致命的缺陷；当然，最简单的办法是如果能够随身佩带个的紫外验钞灯，在昏暗的光线下用紫外灯照射，注胶部分在紫外灯下会发出荧光，而天然的石头是纯无机物，紫外光下不会有任何发光现象，一验便知。

筋　格

"裂"与"格"在寿山石中常常被相提并论，"格"是在寿山石中常常出现的一种瑕疵，也称为"筋"，有红色、黄色和黑色等，多见于高山系的石头中。与裂纹相比，格纹常常较粗且红色居多，有时带有朱砂，在各个石种中也均有出现，田黄石中的红筋就是最典型的一种"格"。"格"是某些矿物元素渗入寿山石矿的裂隙当中形成的，是后天生成的，对于石头而言，是一种愈合修复，就像是人们身上愈合的伤疤。

与裂纹一样，"格"存在的部位、长度、深浅、走势，也会对石头价值产生不同的影响。有些"格"的存在会启发创作者的思路，为整个作品起到画龙点睛的作用。有些格纹路奇特，无需雕琢也可直接欣赏。然而绝大部分的"格"会限制雕刻家的创作空间，甚至直接影响美观，因此当新手们遇到有格纹的石头时，以此为由多砍砍价肯定错不了。

与裂纹不同的是，裂纹相对较为隐蔽，属于隐疾，在购买时容易在保养油的作用下被忽视，而"格"是一览无遗的，并且往往会显得很碍眼。对于审美上"格"的危害可能会大于"裂"，但是对于买家心理上"裂"的危害可能要大于"格"，至于它们之中哪个更容易被人们所包容则是仁者见仁。

内　爆

内爆是一种很恐怖的石病，如果说石头有裂纹相当于得了肝炎的话，那么内爆应该算得上是肝癌晚期了。

内爆一般来说是由于石质不稳定造成的，石质上乘的寿山石极少有发生内爆的情况，它会大面积成片染患，其产生的原因目前尚无权威的定论，可能是由于干燥导致，抑或是石头受内外压

这颗田黄石上方的红筋被顺势化作一根藤条

林清卿刻高山石薄意《观象》，石头下放的一道红筋被化作路沿。

差异所产生，并且这种石病会随着时间的推移在石头内部扩散蔓延。内爆出现在石头表面，则表现为起白斑，如果出现在石头内部，则表现为裂纹形态，非常影响美观，而且雕刻师对此石病目前尚无理想的处理方式能够化解。

内爆可以通过浸泡在保养油中将其隐藏，就像裂纹一样，保养油会渗入裂纹孔隙。只有通过将保养油擦拭干净，并将石头控干一段时间迫其内部油质挥发之后，才能发现，在保养油没有控干的情况下仅用强光手电检查是很难发现的。

在短时间的寿山石交易过程中内爆基本上是无法被发现的，所以对于大部分新手玩家而言，为了避免在购买过程中踩到此类地雷，要格外注重对寿山石石质的判断，因为好石质的石头具有内爆的概率是极低的。

具有严重内爆的碱性芙蓉石（左）和高山石（右）

底部具有内爆的高山石在保养油挥发前后的效果对比

砂　钉

寿山石的砂大约存在有三种形态，一种是黏附在寿山石旁边的岩砂，一种是穿入寿山石中的砂线，还有一种是散布在寿山石中的砂钉。砂属于花岗岩之类的矿物，粗糙坚硬，石农一般都会将砂尽量从寿山石中剔除干净后再行出售。不同的石种其伴生的砂形态有着不同的特征，这也常常被鉴定师们作为石种鉴别的依据。

有一个有趣的现象是，凡是有砂质存在的寿山石，一般其质地都不错，例如粘岩的杜陵石常常玻璃质感极佳、高山晶石多生在围岩边上、结晶芙蓉石常常有砂线横穿、脱蛋善伯石总是包裹在岩砂之中……它们虽然体积都不大，但是质地极佳。有一类雕刻师特别喜欢这种粘岩的石头，他们将粗质的岩砂部分予以保留，将粘岩的寿山石取巧雕刻，让寿山石的细腻与岩石的粗糙形成强烈反差，产生独特的艺术效果。

林东刻都城坑石
《礼佛》

林飞刻善伯洞石
《美女与蛇》

此外还有一类砂质，本身也是透明的，且折光率与寿山石相同，均匀细密地散布在寿山石中，以芙蓉石和二号矿石中较为多见。在强光手电照射下，整块石头都能够透光，看不见砂质存在，但硬度偏高，不易受刀，且重量略重，经水砂纸打磨之后会发现砂质部分凸起，表面形成坑坑洼洼的效果。对于这种石头要格外小心，常有高手将石头拿在手中掂量一下重量，就能大致判断是否含砂太多，对新手而言，最好是用钥匙或刀片试试刀感为佳。

九、杂质处理

寿山石的杂质除了格纹和砂钉之外，还有絮、糕、黑针、白蚤点、水线等，人们也可以把任何石头中会影响美观的物质视作杂质。

有些杂质，会给创作者提供素材，通过取巧将其化腐朽为神奇，起到画龙点睛的效果。

善伯洞石常有的花生糕

高山石中常见的黑针矿砂

高山石中的黄色棉砂

高山石中常见的絮状物（下半部分）

奇降石中的筋格和白蚤点

坑头石的黑针

高山冻石的黑色棉絮

昌化石中的水线

某些寿山石原石外层覆盖有黄褐色的石皮

　　有些杂质是石种鉴定的身份标志，缺少了反不为美。譬如田黄石的红筋格、善伯洞石的花生糕、牛蛋石的白蚕点、掘性杜陵石的粟米钉、蜡质山秀园的雪花糕等等。

　　杂质只要含量不大，所存在部位不是很显要，不影响正常的视觉观赏和触觉把玩，就无伤大雅。大自然生成的东西，难有十全十美的，相传连战国时代价值连城的和氏璧都存在瑕疵，又何况我们手中那一颗颗小小的寿山石呢，我们在享受大自然的恩赐的同时，也需要有一颗包容的心态去接纳些许美中不足。有时，存在些许缺憾的美是更值得去品味赏玩的。

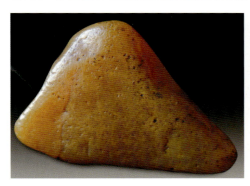

石癫刻田黄石《福瑞呈详》，此石的红筋顺势巧化成一缕青烟。

　　曾经大部分雕刻家都倾向于在没有杂质的原石上进行雕刻创作，完美的原石没有任何局限，可施展的空间更大。然而时至今日，在"面粉比面包贵"的市场现实中，完美的原石千金难求，在没有杂质的原石基础上进行创作已属罕事，即便是买到了完美的原材料，雕刻师所面临的风险则更大，创作稍微不理想，就会导致刻好的成品价格还不如直接卖原石来得高，因此价格相对低廉的略带瑕疵的原石意味着更大的获益空间，当然这也要求雕刻师们绞尽脑汁将杂质的负面影响降到最低，真正做到因材施艺，此石只当配此工，这也已经成为寿山石雕刻艺术发展中一个不可逆转的趋势。

相传民国时期寿山石薄意雕刻大师林卿清曾获得一枚素章，章体通体纯净，本是薄意雕刻的好料子，唯有顶部一根红筋和几粒黑针甚是碍眼，然而在经过大师数日苦想之后，一个绝妙的构思让这枚印章成为神品，红筋被刻做蜡烛，黑针被刻作围棋黑子，边上在配上几枚白子和围棋线格，一副手谈场景跃然纸上，让所有有幸见过此物之人都为之赞不绝口。面对目前日益稀缺的寿山石资源，新时代的雕刻师们已经不可能有老一辈雕刻家那样的资源再大刀阔斧随心所欲地创作，精心构思、化朽为奇是雕刻师们未来不得不面对的新课题。

此鸡母窝石左下方的两道红筋格被化作木桥恰如其分

此兔子钮章的黑针被雕作几片松叶，使得原本的杂质不仅不再碍眼，反而增添了几分巧趣。

此桑蚕日字章的章体上部黑色杂质被巧雕做桑蚕叶，顶部结晶部分刻做五只桑蚕，妙趣横生。

十、田黄石帝

在寿山石众多石种中，最精彩、最有故事可讲的一定是田黄石，推其坐头把交椅实乃众望所归。对于本书而言，实难将田黄石的魅力为读者充分展现，笔者在此仅为有志于田黄石收藏的新手提供一些简单通俗的入门指导，希望能够有所启发。

究竟何谓田黄石？市场上和学术圈中众说纷纭。有人用出生地来界定，认为只要是在寿山溪旁田里埋着的独石就是田黄石；有人用矿物质成分来界定的，通过一系列仪器设备对田黄石测定出各项参照指标，认为只要符合这些指标要求的就算是田黄石；也有人用表象特征来区分的，认为外有包裹石皮、内有萝卜丝纹和红筋格的才算田黄石；还有人引经据典，用石头是否具备"六德"来界定田黄石……

清康熙周尚均制吴国祯夫妇自用田黄印章（一套十一件）在 2011 年保利春季拍卖会上以 2530 万元成交（图片来源：雅昌艺术网）

林文举刻 618 克大田黄石《竹鹿长春》

田黄石龙凤博古对章

郭功森刻163克田黄石《伏虎罗汉》

随着田黄石资源的严重稀缺，田黄石的概念在市场上已经正在扩大。究竟何谓田黄，市场上早有专家学者们已经为此争论得面红耳赤，"是"与"非"的深层次问题留给专家们，本书在此不作评论，本书只向新人们更多地介绍一下"好"与"坏"的判断，即什么样的才算是好的田黄石，帮助新手们快速形成一个感性的认识。

首先，我们要有这样一个概念：不开门的田黄石不一定就不是田黄石，然而好的田黄石尽量要开门，这也是目前福州寿山石市场流行的"正田"与"偏田"的概念。正田与偏田，正田就是正儿八经开门见山的田黄石，偏田就是与正田相比有点偏差，但勉强可以说得过去的田黄石。一块田黄石是否开门决定了这块田黄石是否能够获得广泛的认可度，从而也影响到它的经济价值。

石卿刻田黄石《牧归》

田黄石《松荫会友》

郑世斌刻田黄石《春回大地》

林文举刻大田黄石薄意

林文举刻乌鸦皮田黄石《岁寒三友》

乌鸦皮田黄石

林文举刻乌鸦皮田黄石《夜宴桃李园》

郑世斌刻乌鸦皮银裹金田黄冻石《天朗气清》   叶子贤刻双层皮田黄石《渔乐》

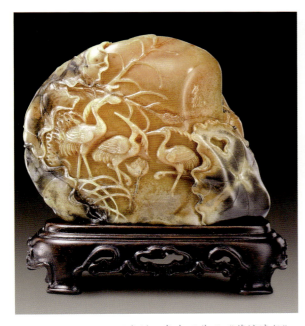

石癫刻三色皮田黄石《荷塘清趣》   江依霖刻银裹金田黄石《情满西厢》

田黄石是山坑矿脉中的石头滚落到田黄溪边的田里经过长时间包埋后二次形成的，属于次生矿。我们不难想象，田黄石的形成也是一个由"生"到"熟"的过程，田黄石在田黄溪周围田地中包埋并迁移的时间长短将直接影响到它的品质高低，也就是许多福州田黄石专家们所说的"田味"几何。

"田味"是鉴别田黄石的不二真理，判断"田味"主要从以下几个方面进行考量：首先是田黄石的形状必须圆润，棱角分明的石头不太可能是很开门的田黄石，至少说明它在田里包埋的年份不够长；其次是石头的纹理必须符合田黄石的特征，田黄石的纹理并不多样，常见的只有几类，较易识别，这一点在用作判断昌化田黄时是非常重要的辨别依据，昌化田黄的纹理与寿山正宗田黄石有着明显的差异；然后看石头的光泽是否内敛、不强烈，如果有明显的玻璃反射般的光泽则不是"田味"，人们把这种玻璃光泽称为"贼光"，它是山料石头的特征；最后是看表面是否油润，这就是福州当地人常说的"火气"，将养护油擦拭挥发干之后，正宗的田黄石表面仍然是湿滑的感觉，如果表面干燥滞涩，甚至有白点显现，那肯定就不是"田味"，这一点其实是田黄石质地有别于其他类型石种的关键性差异，使得它适合人们上手把玩，给人产生如和田玉籽料般油腻腻的触觉享受。将以上几类综合起来考量，最后给人们脑子里形成的一种感觉，就是"田味"。由于笔者无法凑齐能够形容阐述这些特征的图片样本，因此只能用文字的方式点到为止，不够直观，也许新手朋友们会感觉玄乎，甚为遗憾。

"偏田"

偏田的"田味"常常不够充分

除了"田味"判断之外，"石皮、萝卜丝纹、红筋格"这三大特征也是证明石头在田黄溪周边的田里包埋过的重要证据，其中萝卜丝纹是最重要的，其次是石皮。

先说说红筋格，田黄石是矿脉中的石头由于地质因素从母矿中分离滚动落入田黄溪边的农田中长期包埋后形成的，在石头运动的过程中难免磕碰产生裂纹，长期包埋在田里后，田土里的铁元素渗入裂纹中形成了红筋格。红筋原本是一种瑕疵，但在田黄石中却成为身份识别特征，民间有"无格不成田"的说法。

田黄石一般来说要有石皮，就像是和田玉籽料一样，"去皮神仙也难认"。古时候的雕刻师在雕刻田黄石时不会特意将石皮保留，特别是在做田黄印章的时候，所以这就为现在的鉴定工作增加了难度。现代的雕刻师都知道田黄石皮的重要性，在田黄石雕刻创作时都会将最好的石皮予以保留。

田黄石的石皮包裹在石头外层，大部分是黄色，也有黑色、白色等其他颜色，石头在田黄溪水的作用下迁移，滚落到田里的包裹上黄皮，滚落到砂地里的包裹上白皮，滚落到黑泥地里的包裹上乌鸦皮，一直在田黄溪里面的则形成薄皮田黄。有时候同一颗石头先滚落到砂地里，而后又迁移到了泥地里，就形成了乌鸦皮银裹金田黄石。

田黄石的红筋

田黄溪两岸的田黄石采集地

出产银裹金田黄石的白沙滩

林文举刻田黄石《蜻蜓竹节》

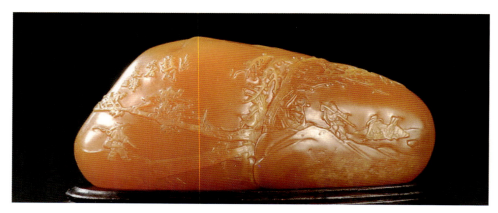

林文举刻田黄石《渔樵问答》

江依霖刻田黄冻石《双清》

郑世斌刻橘皮红田石《犟驴图》

王一帆刻白田石印章《洪福齐天》

石癫刻田黄石《祖孙乐》

林依友刻银裹金田黄石《九螭穿环》

石癫作红田石《戏金蟾》，红田是田黄石中极为稀有罕见的品种。

　　天然的田黄石石皮一定是厚薄不均的，在一块石头上有些地方厚有些地方薄，如果有看到石皮厚薄特别均匀的，就要提高警惕，一般大自然的产物都没有那么完美。也有些田黄石的石皮特别稀薄，甚至没有石皮，只有表面上凹凹凸凸的毛孔，这是经过无数次碰撞、磨损而形成的，这种田黄石一般出在田黄溪里，质地通灵，就像是和田玉籽料中的光白籽一样质地已经极其细密凝结而难有沁色，此类田黄石亦是相同道理。现在有鉴定专家将这种凹凹凸凸的毛孔也视作田黄石皮的一种，作为鉴定田黄石的评判依据。

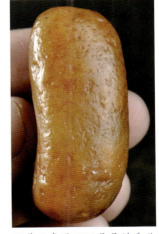

田黄石表面凹凹凸凸的毛孔

大田黄石原石（200g以上）

小田黄原石　　　　　　　　　　小灰田原石　　　　　　　　　小白田原石

　　田黄石紧贴石皮的这层浅表层是整块石头中质地最佳的部分，现在的雕刻师在雕刻田黄石时一般都对石皮进行浅层雕刻，将田黄石皮下一层的肉质最佳的部分展现出来，这些裸露出来的部分也是观察田黄石萝卜丝纹的最佳部位。

　　萝卜丝纹是田黄石最主要的鉴定证据。偏田之所以能够成为田黄，是因为它们有萝卜丝纹的存在。当一个田黄石成品没有石皮和红筋格等其他鉴定特征时，只能依据萝卜丝纹和石头本身的质地对其进行鉴定。萝卜丝纹在田黄石中的分布多数也是不均匀的，有些粗细也不均匀，萝卜丝纹是以细为美，若隐若现的萝卜丝纹是最好的，具有这种萝卜丝纹的田黄石质地都极佳。至于田黄石为何会形成萝卜丝纹，目前尚无权威的学术解释，有些人认为田黄石的萝卜丝纹是其山坑母矿中原先就有的，有些人认为田黄石的萝卜丝纹是在田里后天形成的，但是这些解释都不是那么严谨和完美，这又为田黄石增添了几分神秘感。

王一帆刻田黄石古兽钮章，章体若影若现细小的
萝卜丝纹。

吴立旺刻田黄石《刘海戏蟾》，
章体中可见明显的萝卜丝纹。

石秀刻田黄
冻石《赤壁怀古》，
萝卜丝纹非常细
密需要放大观察。

除了石皮、红筋、萝卜丝纹之外，田黄石中也存在有其他杂质，常见的是附着的岩砂，其它如黑针类型的杂质亦有存在但较为少见，如果出现则要谨慎对待。田黄石中此类杂质含量的多少是田黄石在田里埋藏时间长短的证明，杂质含量越多，说明其在田里的时间越短，用行话讲，叫"还没熟透"。熟透的田黄石内部是不应该有杂质存在的，杂质在略带酸性的田黄溪水和田边土壤的作用下会被逐渐侵蚀并重新结晶。

朱砂、桃花、金沙和白蚤点的肌理也不可能出现在田黄石中，如果发现石头局部有红气或绿气，而石头不是红田或绿田，也要格外小心对待，此类颜色不是一般的田黄石所具备的。在田黄石的鉴定工作中，田黄石重量越小（20克以下），特征就越不显著，鉴定难度越高；反之如果田黄石太大（超过500克），整个石头较难全部熟透，常常仍会在石头的局部留存山坑石特征，特征散乱因而也难鉴定。所以目前市面上的田黄石鉴定工作常常是需要几位资深专家共同过目把关方敢下结论，否则极易引发纠纷。

总而言之，田黄石赏玩是一个高境界的雅趣，文字形容得再详细也无法替代上手抚玩的亲身体验。新手刚刚开始接触田黄石时只要关心石皮、萝卜丝、红筋是否具备，是否摸起来手感油润——就是略感粘手，长期弃置后表面是否会发干滞涩，经常对比就能渐渐领悟到田黄石的真谛。遇到价值极高的田黄石交易时，还是要多请专家和口碑良好的专业机构帮忙把关。总而言之，提升眼力的最好办法就是多接触真货、接触好货，心中的衡量标尺便会逐渐建立起来。最忌讳身边有个很信得过的专家经常拿假货和次货给你看，时间长了，即使是真田黄放眼前都会被认为是假的。

荣宝斋珍藏的巨大田黄石

林飞刻田黄石《祖孙乐》圆雕技法在田黄石雕刻上现在已非常少见

不同颜色的田黄石，有着不同的稀缺程度和市场认可度。田黄石的肉色基本上是以黄色为贵，红色、绿色极罕见，亦受市场追捧，而白色、黑色则较为冷门，新手们不玩也罢。在黄色系中还有不同的阶梯等级，以黄金黄、橘皮黄为上品，枇杷黄、蜜蜡黄为中品，熟栗黄、桐油黄为下品。其实说白了就是色越浓、越亮、越正，价值就越高。

郑世斌刻绿田
《知足常乐》

大颗的田黄石（200g以上），其表里质地差距往往较为显著，内部色泽比外层略淡，福州人称之为"囝心"，这是正常的现象，小颗的田黄石（30g以下）此种情况相对较少。针对小颗的田黄石，极易与溪管田坑头田等混淆，玩家可以用弱光手电筒打侧光观察，石头的颜色外淡内黄则常常是好东西，如果外黄内淡的话多半就可直接弃置了。

由于田黄石价值极高，新手们如果打算开始玩田黄石，可以从一些小田黄开始入手。小田黄中有不少极精致开门的精品，而且更容易遇到顶级的质地，不论是作为学习入门，体验田黄石的真谛，还是投资收藏都是极好的。

周宝庭刻田黄石印章，中间的颜色略淡，是为"囝心"。

在淘小田黄时，颜色外淡内浓的石头说明中间有心，常常会是好东西。

十一、真假田黄

由于田黄石的经济价值极高，一直以来都是制假商贩的最爱，他们学习物理化学知识，孜孜不倦地钻研试验，制作出的假田黄石有时候可以达到以假乱真的地步。有些技术上登峰造极的制假商贩本身就是福州寿山村里土生土长的石农，他们对田黄石的秉性和特征都了如指掌，以假乱真已经不是他们的追求，制造出真正的人工田黄石才是他们的终极目标！所以再资深的寿山石专家也不敢声称自己比他们更了解田黄石，颇有"道高一尺魔高一丈"的味道。

但马克思曾经说过"问题的和解决问题的办法是同时产生的。"既然市面上有假币，那么银行里就有配备验钞机。正直的寿山石爱好者们在与假田黄的长期斗争中也积累了丰富的鉴别经验，毕竟"群众的眼睛是雪亮的"。本书在此为读者介绍几种常见的制假方式，让大家"知其然亦知其所以然"。

目前的田黄石造假其实只停留在对石皮、萝卜丝、红筋格等鉴定特征上的伪造，真正涉及石头质地肌理上的伪造技术尚未问世，所以高手们一般对假田黄只要一看其气韵就能判断得八九分，人为作假的东西难免存在一些不自然的破绽。

石皮造假

田黄石作为一种独石，表层包裹的石皮是其在田里埋藏过的证据，并且石皮的存在与否直观易判，因此是假田黄制作必须通过的第一道坎。

石皮上的造假可谓是大有文章，江湖上传闻有三种"画皮"方式：一种是环氧树脂类的胶水调石粉涂抹在石头表面，这种石皮只要在紫外灯下照射就能让其原形毕露，因为天然的寿山石在紫外灯下是不会有荧光的，但是涂抹了有机化学成分的部位则会发出荧光；另一种方法是用无机酸性物质腐蚀石头外表

三种市场上常见的廉价劣质假田黄石

层形成，这种假石皮一般看起来色界分明，颜色缺乏渐变过渡，显得不自然，且质感粗糙；还有一种则是通过机械震动，将石头不断地撞击摩擦，使其表面出现毛孔状的凹凸，即为石皮，这种石皮一般厚度很薄，皮色与肉色一致，常常出现在质地较通灵的石头中。

人造石皮

颜色造假

田黄石"色差一分，价差一等"，黄色的田黄石是市面上认可度最高的，由于山料的寿山石中黄色的石头相对较为稀少且本身价值已经较高，故而将白色的寿山石山料进行染色处理作为是较常见的制假方式。田黄石中的黄色是由铁元素产生的，因而染色也是通过将石头浸泡在含有铁元素的化学溶液中完成的（相传为杏干水和黄藤水），至于具体的制作细节那是制假商们的秘方，想来也是"传内不传外，传男不传女"。但不外乎就是溶剂调配、温度和时间上的调试之类，相信只要你有时间、有兴趣、有石头，通过试错法也能摸索出一二。

浸泡染色的石头，一般染色部分颜色分布单调均一，缺乏变化，是其破绽之一；染色的石头一般表里色差较大，外部较黄，内部则为白色，用强光照射后可见外浓内淡的色泽，是其破绽之二；染色的石头在石头中某些疏松处容易堆积色素，于是在石头中原本已经存在或可能存在裂纹的地方便出现了一道道颜料堆积的色根，是其破绽之三。

市场上出售的染色寿山石分为无意染色的和故意染色的两种，无意的染色包括石头在矿洞周边炸药水中长期浸泡或在保养油中长期浸泡形成，故意染色则一般会有一个加温加速其染色速度的过程。相比较起来，故意染色的石头由于曾受到高温作用，石头内部的结构会出现变化。从物理化学理论角度上思考，

染色的红筋纹路，色根堆积明显。

石头原本处于稳定排列的晶体键能在受到外来能量的作用下，其分子间的作用力很可能会发生变化，轻则是范德华力能级上的变化，重则导致化学键能上的改变，因此在故意染色的加热过程中就容易出现石头干燥、脱水、开裂的现象。

萝卜丝纹造假

萝卜丝纹是田黄石最具有说服力的鉴定特征，因为时至今日让萝卜丝纹无中生有的技术尚未出现。所以制假者在制作假田黄石时，一般会挑选原先就有萝卜丝纹存在的高山系寿山石作为母体进行制作，就将此最难的一道关卡跨过。

萝卜丝纹越细密均匀，田黄石的质地就越好。琪源洞杜陵石、荔枝洞石、老坑太极石等这些石种的萝卜丝纹都可以达到以假乱真的境地，曾经是用作假田黄石首选，然而随着资源的稀缺，这些石种本身身价也都直逼田黄石，所以目前假田黄母体中更常见的还是用高山石、鸡母窝石、鲎箕石等。然而这些普通质地的石头萝卜丝纹相对较粗，而田黄石的萝卜丝纹相对较细，这也是两者的直观差异所在。

拼接造假

由于大田黄与小田黄在经济价值上存在巨大差距，某些制假商会用拼接工艺将小颗田黄石拼接成大颗田黄石，在接合处一般用胶黏合，如果玩家用强光手电筒仔细检查石头内部时发现局部石纹肌理存在不连续的断层现象，就应当引起重视，这里有可能就是胶水的黏合处。

十二、火眼金睛

独石（掘性石）是寿山石中较有趣味的一个品类，受到许多骨灰级寿山石玩家的追捧，它们从不同的母矿矿脉中脱离出来之后，又在不同的地点埋藏了不同的时间，形成了千变万化的表皮特征和内部肌理。优质的独石集"晶、巧、奇"于一体，趣味盎然，与新疆的和田玉籽料相比有异曲同工之妙。

寿山石中最顶级的独石就是田黄石了，在其他品类的独石中有许多质地优异者与田黄石极易混淆，尤其是溪管田和坑头田这两大偏田品种，需要玩家练就一双火眼金睛方能明辨。

溪管田

溪管田产于田黄溪中，在水流作用下移动，一般外形浑圆无棱角，色泽较淡、质地灵透，由于没有在田土中包埋，石皮一般不明显，多为凹凸状的毛孔，没有厚皮，某些成色较好的、肌理有萝卜丝纹的已经被视作田黄石。

溪管田原石

碱（田）性溪管田石保养油挥发前后的对比

坑头田

坑头是寿山田黄溪的发源地，掘性坑头石许多人也称之为坑头田，其实算是一种正在发育早期的田黄石，从严格意义上讲不能算作田黄石，但已有许多人将其作为广义上的田黄石进行销售。坑头田常常会有棱角，石皮薄，像一层牙垢般的脏东西附着在石头表面，颜色外浓内淡，强光灯照射下可以看出石头内部泛白，是其年龄尚浅的表象，萝卜丝纹略为齐直，呈流水纹状，或牛毛纹状。

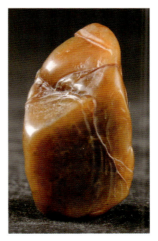

此坑头灰田外层已发育成黄色，内部仍可见灰色"田心"。

坑头灰田石

坑头白田石，表层虽为黄色，内部仍为白色。

鲨箕石

鲨箕石是掘性独石，外裹石皮一般都较淡较薄，与坑头田相像，内部有鲨箕丝，非萝卜丝，丝粗且显露，常有棉砂或朱砂，石头色泽也以白色居多，亦是外浓内淡，常有人将其作为白田石进行销售，品质高的小颗鲨箕石有时也难与田黄石区分。

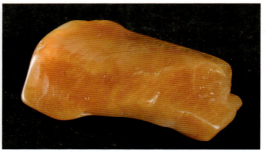
鲨箕石

溪蛋石

溪蛋石（也称为峨嵋蛋石）的母矿是芙蓉石，其矿物成分是叶腊石，蜡质感较强，与矿物成分主要为地开石的田黄石有着较大差别。产于大端溪流域，肌理内部无萝卜丝纹路，外层也没有包裹的石皮，而是与溪管田类似的毛孔状表皮，强光下观察石头颜色也是外浓内淡，常伴有白色砂团状的杂质。

溪蛋石

鹿目石

鹿目石产于杜陵坑西边山坳中，是掘自砂土层中的独石，埋藏地不在田中，未受寿山溪水浸润。鹿目石母矿为都成坑石，多为黄色，少数有红色，除了缺少萝卜丝纹外，其他如黄皮、红筋格等特征都有，甚至温润度有时都不亚于田黄石。鹿目颜色多深暗，质地粗且干涩者居多，温润有灵度的质优者也很稀少，优质鹿目与田黄石实难区分，价格也直逼田黄石，毫不逊色。在鉴别鹿目石和田黄石时，观察是否存在萝卜丝纹理是关键，另外，鹿目石皮中有时会隐隐显现"绿气"，肉中略带"红气"，也是其与田黄石进行区分的细节差别。

优质鹿目石原石　　　　　　　　　鹿目石的"红气"和石皮

牛蛋石

牛蛋石产于寿山溪与大洋溪的溪涧，其母矿属于老岭系、峨嵋系，多数质地不透明略显粗糙，蜡质感较强，其中有部分微透明、质地上乘的牛蛋石又被人称为"牛蛋田"，常有小白点（白蚕点）分布在其中，成为其明显的鉴定特征。牛蛋石石心常见的有白色和黄色、少数有红色，石皮也有白色、黑色、黄色，所以形成了黄皮黄心、黄皮红心、黑皮黄心等多种形态。是否能够赌出质优且纯净的黄心和红心，是牛蛋石赌石的乐趣所在。

牛蛋石与田黄石相对容易区分，绝大部分牛蛋石在温润度和透明度上与田黄石无法相比，并且石皮略显干燥，内部有"白蚕点"而没有萝卜丝纹理。

牛蛋石

金狮峰石

金狮峰石又称为金狮峰牛蛋，产于寿山金狮峰下的田里，外裹黑色乌鸦皮，乌鸦皮下常常还有一层白皮，石皮或厚或薄，石心常见有白色、黄色、红色，以色浓且纯的黄色或红色为佳，多数石质不透明，少数有灵度质优者可与乌鸦皮银裹金田黄石相媲美。

优质的金狮峰石外皮特征与乌鸦皮田黄石难以区分，鉴定主要依靠内部质地纹理。金狮峰石没有萝卜丝纹，并且有时候会有自己的糕、白蚤点、絮纹和金沙，这些是田黄石所不具备的，是以鉴别。

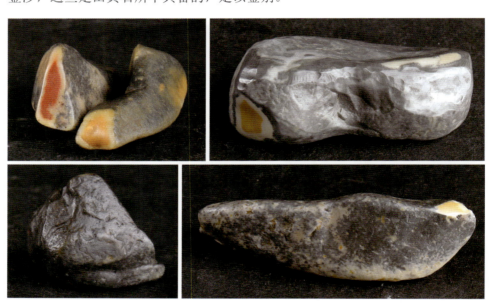

金狮峰石

昌化田

昌化田

昌化田也叫浙江田，是浙江昌化出产的一种类似寿山田黄石的独石。但与其说它类似田黄石，不如说它更像鹿目田。昌化田多为黄皮黄心，然而石皮类似鹿目田的山皮，石心常常是外浓内淡，石头中有时候会带有金沙或糕状杂质，并且没有萝卜丝纹，而是昌化石特有的条纹状纹理，因此只要出现此类特征还是较易与田黄石区分。然而在昌化田中也存在一些内部极为纯净、特征不明显且灵度极佳的，其价格也已经直逼寿山田黄石。

寿山石买卖秘笈

老挝独石

老挝（越南）独石 2014 年开始在市场上大量出现，母体是老挝石，外层石皮从视觉上与田黄石极为相似，但油性不足，内部少有萝卜丝纹，并且常见丝絮、砂钉、水线、朱砂红等老挝石的矿料特征，是以鉴别。

包裹黄色石皮的老挝独石

银裹金的老挝独石

优质的老挝独石，不仅灵度强且有一丝田味，肌理中也有细腻的萝卜丝纹。

劣质的老挝独石，厚厚的外皮下包裹的是泛白的囤心。

十三、他山之石

　　寿山石作为印材首选在收藏品门类中已经声名鹤立，其价格增长幅度名列前茅，当地政府出于保护资源目的而限制寿山石开采，于是许多石商开始纷纷将目光转向寿山外的其他地区，试图寻找类似寿山石的石料，近年来捷报频传。在各地新开石种中的确有不少品质上乘的好石头，能与寿山石相媲美，而且有些与寿山石纹理特征极其相似。然而由于它们缺乏文化积淀和历史底蕴，当前的市场认可度和价格便自然尚无法与寿山石相提并论。

　　当然在这些他山之石中的确有不少非常优质的石头，如果价格合适的话完全可以考虑入手收藏，像是四大名石中与寿山石齐名的巴林石、青田石、昌化石，在市场上的认可度已经很高，其他地区产出的各类石种市场今后兴许也会有一波行情为其证明身份，这类价格的上涨常常以原产区矿产资源开采殆尽或当地政府限制出口事件为导火索引发。

巴林鸡血石原石

寿
山
石
买
卖
秘
笈

巴林鸡血石

巴林三色牛角冻石

巴林黄冻石

巴林黄冻桃花　　　　　巴林油白冻石　　　　　巴林粉冻鸡血边

巴林紫云冻鸡血边　　　　巴林红花冻　　　　巴林鱼脑冻石　　　　巴林流沙冻石

寿
山
石
买
卖
秘
笈

讲讲那些行家不愿意分享的事情

昌化鸡血石原石　　　　　　昌化牛角地印章鸡血

  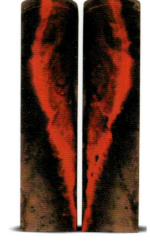

昌化鸡血石素章

寿

山

石

买

卖

秘

笈

昌化冻石

昌化黄冻石

河南黄冻石，
质优者也易与田
黄石混淆。

青田封门青、蓝星、灯光冻。

南宁石色彩艳丽，质优者与芙蓉石非常相似。

云南天青石

陈君震刻西安绿石《兰花》

周鸿刻雅安绿石《如意罗汉》

漳州石（平和石），质地优异极似善伯洞石、都成坑石和水洞高山石。

泰来石产自泰国，质优者与善伯洞石无异，唯有通过纹理差异进行区分。

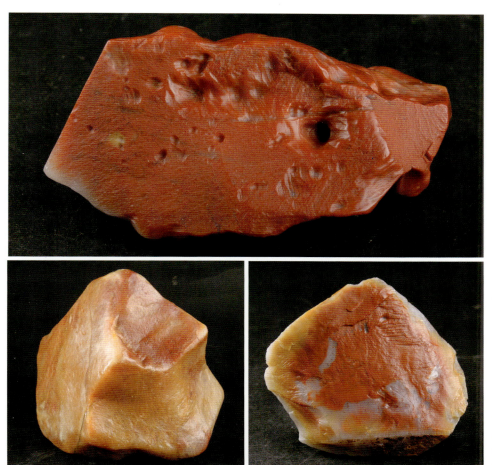

马来西亚石，常呈现包裹状态，质优者与寿山水洞高山、杜陵石相似。

印度龙蛋石常见包裹形态，质优者类似青芙蓉晶和水洞高山石。

结晶的老挝石原石，结晶内还有如桃花底的颗粒。

结晶性带萝卜丝纹路的黄心白皮老挝独石

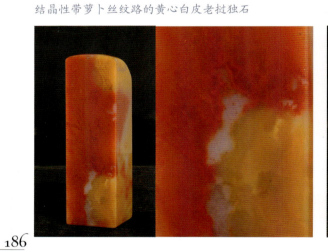

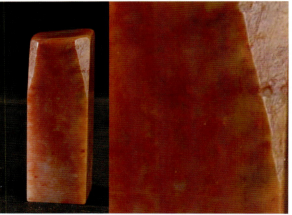

老挝石，类似漳州石和巴林石，质优者与寿山善伯洞石、都成坑石和高山石相似，有顶级的桃花冻和朱砂冻质地。

第四章
国石收藏

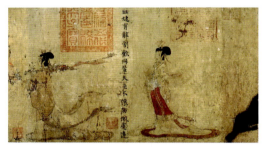

东晋顾恺之《女史箴图》的唐代摹本世上仅存两本，其一被北京故宫博物院收藏，另一幅藏于大英博物馆中。画面上的题跋和钤印正是历朝历代收藏家与艺术品结缘的鉴证，密布的印章让人产生一种与古人们同赏珍品的奇妙感觉。

一、细水长流

收藏已经成为当下许多人的业余爱好、或是潜心培养的一项副业，它除了陶冶精神及带来财富增值之外，扩大交友圈也是一个额外的收获，这常常对人们的主业形成一种无形的帮助。收藏其实可大可小、可多可少，没有高下优劣之分，成功人士玩收藏，平民百姓一样可以玩，且看《寻宝》、《鉴宝》节目中那么多沉湎在收藏中的人都能自得其乐，玩出各自的一番天地来。只要自己能够在收藏中获得任何知识、体验、情感或资源，都算是有收获，是好事。

收藏始发于人性中的求知欲和占有欲，也必将终止于此。欲望终有被填满的一天，修炼到极致的收藏家通过自我的领悟也必将克服这人性中的两大欲望——收藏的真谛也正是对自我追求的修炼过程。对物质的追求和占有，生带不来死带不去，即使能保得住这些珍藏在自己的有生之年都据为己有，也保不住后代子孙不会将其变卖，要知道就连帝王陵寝中的殉葬宝物都会被后人盗走，又何况其他。真正的大收藏家在收藏道路上修行到一定境界之后，对艺术品的占有欲会逐渐转化成为对艺术品的一种珍爱、一种情感，他们会不惜一切地去关心、去保护每一件重要的作品，而对作品所有者是谁却越看越淡，"但求曾经拥有，不在乎天长地久"。

许多大藏家把毕生收藏或捐赠给国家、或变卖给更具实力的藏家接手、或专为藏品打造一个私人博物馆供大众观摩，都不失为一种善举。收藏家张伯驹曾将自己占地13亩的房屋出售才得从商贩手中购得展子虔的《游春图》，从而避免其流失海外，后来他又将此图原价转让给故宫博物院，并将其所藏的陆机《平复帖》、杜牧《张好好诗》卷、范仲淹《道服赞》卷、蔡襄自书诗册等诸多重要文物捐献给国家，还将李白《上阳台帖》献给了毛泽东。收藏家以艺术品为纽带，作为文化发展和传承的见证者和经手人被载入史册。

人称民国四公子之一的张伯驹

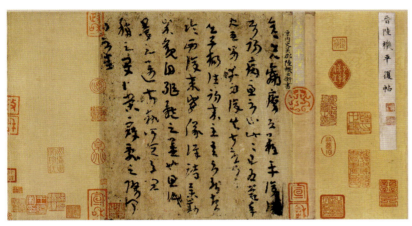

陆机《平复帖》，此帖为东汉末年东吴陆逊之子陆机所作，全帖9行84字，是汉隶书向章草过渡的混合体。曾有日本商人出价30万大洋请张伯驹将此割爱，张伯驹不忍将国宝流出国外而回绝。

杜牧《张好好诗》（局部）。相传杜牧在中了进士之后于江西认识了13岁的歌伎张好好，并为其大为倾倒，过了十几年后，杜牧在洛阳街头再度偶遇张好好，此时她已嫁作他人妇，不复见当年清纯模样，而杜牧自己也是官场失意，亲朋飘零，不由心生感慨写下此诗。张伯驹恰好有过一段与杜牧类似的跌宕的人生经历，心境亦是相同。

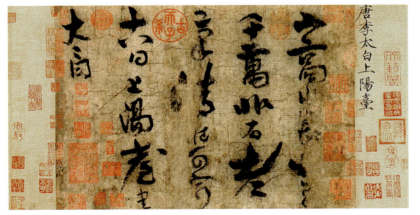

李白《上阳台帖》："山高水长，物象千万，非有老笔，情壮何穷。十八日上阳台书太白。"此帖为唐代大诗人李白所书自咏四言诗，也是其唯一传世的书法真迹，让人不由发出"书如其人"的感叹。

《道服赞卷》是范仲淹为好友的道服撰书的赞和序，是范仲淹唯一传世的楷书作品。

与"不达目的誓不休"的企业家进取精神有所不同，"清心随缘，细水长流"是玩收藏的最佳心态。因为收藏需要尊重客观规律，绝大多数时候收藏是急不来的，有时候自身眼力还欠火候、有时候资金实力还需积淀、有时候购买时机还需等待……"是否能将某作品囊括怀中"是很多新人特别在意的结果，然而其实结果如何真的并不重要，我们何不将注意力放在欣赏沿途的风景上，体会收藏过程中的学习乐趣，享受收藏活动中与那些人、那些作品所结下的缘分，在收藏的道路上，那些边欣赏风景边漫步的人往往比只专注于脚下走路的人会走得更远。

二、破茧成蝶

收藏需要有一定的延续性，藏品要形成一定的数量规模，并且最好能拥有具有代表性或经典的藏品，这样才更有说服力。收藏常常是源于兴趣，在兴趣爱好支持下的收藏之路会走得更加踏实、更加久远，"持之以恒"是收藏活动中最宝贵的品质。

收藏是否成功并不是以收藏品的市场价格来衡量，也未必非得是价格昂贵的艺术品才算得上收藏品，即使是简单的贝壳、明信片或树叶也可以收藏。随着藏品的积累、知识的积淀，收藏家的鉴赏能力会日益精进，对藏品的审美和认识会更加深刻。

以最简单的贝壳收藏为例，收藏者尽力收集不同种类各式各样的贝壳。当有人只收集到 10 个不同种类的贝壳时，大部分人会对此不屑一顾；当他收集到 100 个不同种类的贝壳时，参观的朋友通常会感到眼前一亮；当他收集到 1000 个不同种类的贝壳时，相信大部分人会大吃一惊，足够媒体进行一次专题报道；当他花了大半辈子时间收集到了 10000 个不同种类的贝壳时，相信他个人生命精神中的一部分已经与这些藏品融为一体了，在这个细分领域能与之相媲美的人必定是凤毛麟角，此时即使有人愿意出高价求其转让也未必能如愿。随着他的收藏活动的持续，阅历日益丰富，他会比别人更懂得哪个品种的贝壳更稀有、更珍贵，这是

寿
山
石
买
卖
秘
笈

横向的收藏；另一方面，每个不同品种的贝壳中还有品质高低之分，他会懂得在同一个品种的贝壳中，什么品相的贝壳更加完美、更加稀有，他就会在自己的收藏中沉淀那些每个品种中最完美的贝壳标本，这就是纵向的收藏。每个品种的收藏品大致都有横向和纵向两个维度值得藏家深入研究探索。无论是纵向的收藏还是横向的收藏，皆颇具价值，如果二者能够兼得，更显难能可贵。

作为刚刚起步不久的国石收藏，已经有人开始遵循不同的系统和方向，有计划地、持续性地开展收藏。有的专门收藏某个名家的作品、有的收藏不同雕刻流派的代表作、有的收藏各种印章钮饰、有的收集各个石种的品种石、还有的收藏从古至今的田黄石……

收藏活动在系统的、持续的指导思维下进行，当藏品积累到一定的体量后，其规模效应就开始突显，必定会产生量变到质变的飞跃，藏品自身的价值将获得几何倍数式的提升，远远不是 1+1>2 这么简单。也许那 10000 枚贝壳平均每枚贝壳的获取成本是 10 元钱，但是如此成规模、成系统的收藏品，其内在价值肯定已经远远超过 10 万元的成本，可能是 100 万元，甚至 1000 万元。这是收藏最具有魅力的地方所在，藏家的毅力、实力、学习力将在这一过程中与他的藏品价值共同成长。

寿山石品种原石

寿山品种石素章

三、先见之明

在艺术品收藏与投资的道路上，经营者和收藏家的思维存在有许多差异，在对作品的审美取向上也不例外。一件艺术品如果能够触动收藏家的心灵，收藏家常常不惜代价地将其囊括怀中，如果这件艺术品被艺术品经营者相中，他们则更多地考虑是否容易为这件作品找到另一个为之心动的人。然而在现实的市场上，很多人并不在意区分其中的细微差异，所以现实中更多的是经营者常常自己也成为了收藏家，而收藏家不经意间也做起了经营。

一个经营者如果常常在个人的另类审美情趣的思维导向下购买作品而不考虑时下大众审美趋势的话，那会导致其受众客户群体狭小，降低存货周转率。否则就需要经营者发挥自己的影响力，改变身边客户的审美倾向。因此经营者要尽可能尊重大众审美，了解时下审美趋势，才能让自己的盈利最大化。以一个极端情况为例，在"文革"时期，宗教类题材的寿山石雕作品都被视作"封资修"，为那时大众所不齿，红色题材和花鸟风景题材的石雕作品成为那时的主流，在那种环境下无论石商个人多么喜欢宗教题材的作品，为了生计考虑他也不能以此为主要产品进行经营。

然而对于收藏家而言，由于投资收藏的周期一般较长，操作思路可以反其道而行之。任何一项长周期的投资，都是以在长周期过后能够获得未来主流人群的认可为首选。艺术品投资也不例外，能够预判未来主流人群的审美取向并提前布局的收藏家，必定会成为市场中的赢家。再举个旧时期的例子，在上世纪80年代改革开放初期，人们的思想相对传统保守，女性人体题材的寿山石雕作品并不被当时市场所认可，然而随着改革开放的全面深化，东西方思想文化的不断交融碰撞，时至今日此类题材已经成为市场上的一大流行，市场供不应求，进行此类题材创作的艺术家们也都功成名就身价倍增，如果有收藏家在早期就特别热衷此类题材，并且能够坚持自己的审美倾向进行投资收藏，那么他现在一定也获得了一笔巨大的财富。

寿
山
石
买
卖
秘
笈

刘爱珠刻芙蓉石《思》

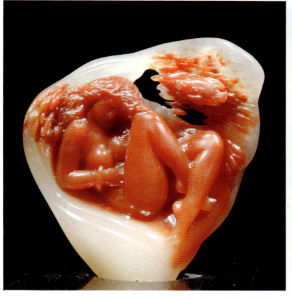

林飞作《海的女儿》   林飞作《夏娃》

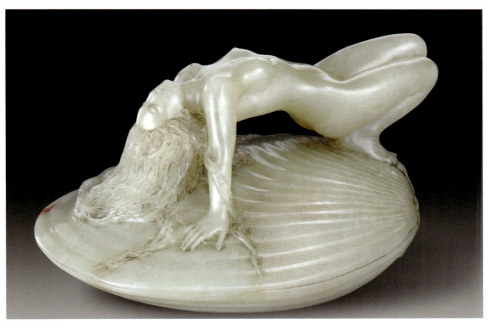

  林飞作《蚌女》。许多艺术家都喜欢从女性身上寻找艺术灵感，人物造型艺术需要对
人体各部位比例结构拿捏得当，在将其移植到寿山石雕这种只能做减法的载体上时尤为困
难，局部线条稍有失衡则会影响整体美感，这也是市场上优秀的裸女题材寿山石雕刻师非
常紧俏的原因。

林炳生创作于"文革"时期的巅峰代表作《吹群羊》，整幅画面生意盎然，如此经典已无法再现。

　　一言概之，经营者重视大众审美，收藏家追求个人情趣。真正意义上的收藏家常常不苟同于大众，他们的品味是小众的、另类的、个性鲜明的，往往被时下人们所不解，但是这并不重要，他们会相信自己超越时代的独特审美品位，并坚持下去，交给时间来证明一切。他们相信真理总是只掌握在少数人当中，拥有卓越眼光和优秀品位的人群永远也都只是金字塔尖的那一小部分。

　　回归到寿山石艺术品收藏中，当前主流的大众审美大致呈现为两类趋势：一是对寿山石自然美的追求，那些石质上乘、灵动可人的寿山石依然是市场追逐的焦点，其观赏性和资源稀缺性共同决定了这种趋势在未来相当长的历史时期内都难以改变；另一方面则是对艺术创作的审美进化，传统的古兽、宗教、民俗题材已经渐渐走下了巅峰时期，清新雅韵、具有文人气息的作品正在21世纪大行其道。中国正处在前所未有的变革时期，每个时代的人群有着截然不同的风格和个性，当崇尚自我的"80后"和"90后"成为社会主流消费人群时，寿山石雕艺术审美又会何去何从呢？让我们拭目以待。

四、小赌怡情

　　曾经有个雕刻师朋友极力向我推荐寿山奇降石，说奇降石石性非常稳定、厚重沉稳、巧色分明、蜡质感强，刀过处石粉犹如木屑般的卷起，韧性之强是其它石种都无法企及的。他有一次在雕刻奇降石的时候，刻着刻着发现原本都是白色的部分居然冒出一点黄色来，原来是银裹金奇降石！顿时价值倍增，让人感觉不负"奇降"之名。

银裹金奇降石原石

各类奇降石原石

庄南鹏刻奇降石《有态度的鱼》

石癫刻奇降石《三狮戏球印章》

周宝庭刻李红奇降石《螭虎穿环》

讲讲那些行家不愿意分享的事情

这类故事民间还有不少，《寿山夜话》一书中就有过牛蛋变田黄的佳话。赌石之趣不只是在翡翠世界中才存在，寿山石也存在着一大把的赌石机会。在原石交易中，那些外层包裹有石皮或岩砂的石头都具有相当强的赌性，比如田黄、牛蛋、金狮峰、脱蛋善伯、夹板芙蓉等。寿山石的赌性不如翡翠那般"一刀穷、一刀富"刺激神经，但也能给人带来小惊喜式的快感。而且赌石的快乐还在于对自我眼力判断的检验，那种成功后的成就感也会吸引人们小赌怡情。

之所以在寿山石中也存在赌石的行为，是由于绝大多数寿山石都是微透明，即便在强光手电照射下人们仍然无法判断出石头内部的情况。有些经验丰富的老手会根据外层石皮或岩砂的形态特征判断里层寿山石的质地、杂质分布以及筋格走向，从而判断是否能够切出印章或是雕琢成器。他们更喜欢赌石，因为具有赌性的原石还价的空间更大，老手可以凭借自身的经验优势，使得购买的成本更低，利润更加丰厚，这绝对是一门凭眼力吃饭的技术活。

切印章是寿山石中最常遇见的一种赌石行为。印章对石材的要求最高，价值也最大，因此只要是遇到能切出大块章料的原石，许多石商们都愿意来赌一赌。几刀切下去，章体是否纯净、是否有裂纹、是否有奇特纹理等等，都直接关系到印章的价值。如果切章成功，印章出售的价格往往就能覆盖原石的成本并大有盈余，切下去的边角料就都算是添头了。

除了切印章之外，玩独石（掘性石）的赌性也是非常强的，它们在外裹一层石皮之后，内部的质地和纹理就显得朦朦胧胧。很多"骨灰级"寿山石玩家

白皮黄心的牛蛋石

黄皮红心的掘性都成坑石

包裹着乌鸦皮的金狮峰石

包裹着黄皮的掘性高山石

脱蛋善伯石外层包裹岩砂，内部质地往往都很优异，如遇纯净无杂质的就算赌赢。

特别喜欢玩独石，除了它们都具有赌性之外，还因为大部分独石经过沙土中的磨砺后，石性已经沉稳，裂纹也被筋格替代，外裹的石皮不仅有一种天然的奇巧趣味，而且还能多多少少地增加石头的油润度。独石都是无根而璞、无脉可寻，在稀缺程度上更是远超过矿料石，就像是和田玉籽料与山料那样，因此优质的独石其价值往往会比同等级的山料石头高出许多。

五、意象之美

东西方的审美一直以来都存在差异，以绘画为例，西方绘画强调光、色、面的外在表现，而中国画注重形、线、神的内在描写，各具特色、各有千秋。优秀的艺术品都讲究通过艺术品宣泄艺术家内在情感，古今中外皆如此，表达的情感越丰富，内在越深刻，越有价值。

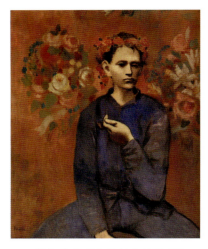

毕加索作《拿着烟斗的男孩》，
此画作被评论家誉为"具有达芬奇
《蒙娜丽莎》般神秘和梵高《嘉舍
医生画像》般忧郁的唯美之作"，
在 2004 年伦敦苏富比拍卖会上以
1.04 亿美元的天价成交。

　　传统的东方艺术一直都是在传承的基础上进行创新，传承就意味着艺术家需要练就基本功，研习先人，吃很多苦，形成"功力"，在此基础上艺术家才能更好地以内敛、含蓄的方式表达自己独特的个性、风格与情感。然而步入当代，受西方思潮的影响，很多艺术家在思想上和文化上已经被西方流派全面侵蚀，在摒弃封建文化陋习的同时，一些传统文化精髓正在流失。曾几何时崇洋媚外的思潮让人觉得西方的东西就是"高大上"，很多年轻的艺术家开始漫无边际地创新、尝试，将西方艺术中丑态的、刺眼的、夸张的表现手法融入到传统东方艺术中来。此类艺术确也正符合西方当代的艺术理念，并在资本力量的推动下显得分外抢眼，让普罗大众好生惊奇。文化入侵本不是什么新鲜事，市场经济环境下供需和价格的确是具有说服力的，但是艺术需要经历时间的洗礼，路遥知马力，毕竟二三十年的时间对艺术品而言还是显得太短了些，得让子弹再飞一会儿。

八大山人的瓶花图与山水画，后人可以从他的画作中读出其内心无限的孤寂、压抑和萧冷。

吴冠中作《补网》。此作不仅展现了作者对点、线、面布局运用的深厚功力，还表达了吴冠中先生对于自己人生的感悟："将军未挂封侯印，腰下常悬带血刀。渔网在海中是战斗的将军，今躺卧沙滩，任人摆弄……"

赵无极作《4.4.85》。该作品有海景型的横向开阔格局、迷蒙的光线，充满诗意，大气淋漓的色韵间，融入画家的艺术探索，将东方情思以西方油彩发挥得泰然自若，堪称是赵无极1980年代的里程碑式创作。

齐白石虫草画作，用笔大胆，技法高超，色彩对比鲜明，画中的行草题跋大小错落有致，变化丰富，加入更多的篆隶意味以及金石气息，文人气息极浓，笔墨极为恣肆老辣。画作中把工细与粗放之笔结合，造成粗细对比而相映的意趣，开创了一代大匠画风。

张大千《泼彩山水图》，藏于纽约大都会美术馆，他以看似随意的笔触运用墨彩，创作出一幅抽象的暴风山景。

言归正传，西方美术经历了从具象到意象再到抽象的发展历程，东方艺术似乎也在这条路上探索前行。而寿山石雕艺术正徘徊在具象和意象之中，抽象的寿山石雕艺术仅刚刚开始萌芽，尚未形成气候。

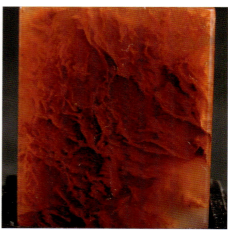

有人喜欢寿山石天然的无序纹理满足抽象的审美需求

孙洁鸣作的两件作品皆颇具抽象审美的韵味

也许有些新人会觉得奇怪：寿山石雕怎么会是意象的呢？这其中确实存在一个发展的过程。学徒在刚刚跟师傅学习寿山石雕时，追求的是刻得像不像、真不真；玩家在刚刚接触寿山石雕作品时，品的也是作品线条是否流畅、比例结构是否合理、美不美，这是具象的审美阶段。进一步深入之后，人们追求的则是作品刻得是否传神、有没有味道、表达什么样的情感等等那些在表象之外能够激发人们遐想的地方。以人物雕刻为例，我们仔细观察后会发现，那些古往今来的寿山石雕大师们在创作人物作品时，对人物的神态表情刻画相当细腻，而对身体结构比例等其他细节则不甚精雕，有时还会采取类似大写意的方式处理，用简单的几刀线条交代了人物的肢体和衣着，使得作品更突出人物的神与意的表达。在寿山石薄意雕刻中更是以意象的表现方式为主流，没有人会以雕刻的比例大小为尺度来衡量作品是否足够逼真，人们会自然依据审美习惯将画面遐想成近景远景，品味着如诗如画的意境，这不仅是传统水墨画精神在石头上的映射，还更多了一番人文艺术与石头之间搭衬融合的趣味。

周宝庭刻古兽狃，作品对双翼的布局处理既遵循了传统，做到了手把玩不扎手的要求，又融入了自己古拙的风格。这件上世纪70年代的作品在今天看来依旧充满了生气。

 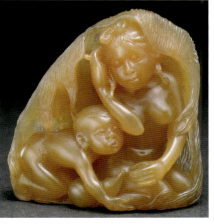

石癫刻《飞马》《母子情》，两件作品都在注重遵循手件浑圆传统下，着力展现飞马的雄健有力、孩子的天真调皮与母亲的温柔慈爱。

林炳生刻《铁拐李》、林友舜刻《铁拐李》和王祖光刻《卧狮罗汉》，作品的人物与古兽的神态刻划都非常传神，似有互动，重在意的表达。

王祖光刻《观音》，端坐莲台、慈眉善目、法相天成。

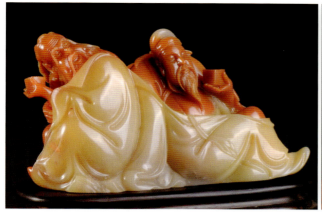

林发述刻《酒逢知己》《三仙》，人物面部刻画韵味独特，特征鲜明，风格独树一帜，吸引后人争相效仿。

郑幼林刻《沉思罗汉》，在传统的罗汉造型上大胆突破，面部略带甜意，惹人喜欢。

王一帆刻高山石《明式人物》　　俞世英刻芙蓉石《恭学》　　黄丽娟刻善伯洞石《小女孩》

寿山石买卖秘笈

林飞刻《酒逢知己千杯少》，两位醉仙劝酒挡酒之势已不言自表。

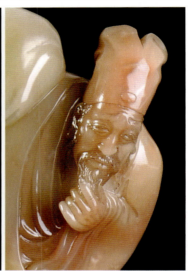

叶子贤刻善伯洞石《东郭先生和狼》，东郭先生憨厚的神态刻画很容易让人想象他仁慈而又糊涂的性格。

王雷霆刻《赤壁游》，远山近景层次鲜明，明月、山石、树木、楼阁和人物的摆设完全是作者根据石材的天然情况进行想象布置，以刀代笔的山水画风已然让人们感受到苏东坡当年夜游赤壁时的情境。

林寿煁刻坑头石《春江水暖》，在大写意的水、柳、石的背景中，一群鸭子畅游嬉戏的场景显得生机盎然，这种寄情于景的表达方式正是传统写意艺术的精髓。

王雷霆作田黄石《福禄寿》，蝙蝠、梅花鹿、松树这三种吉祥物与"福、禄、寿"谐音，作者以此为题勾勒出一幅和谐的画面，表达出一种祝福和蕴意，这是传统东方文化最典型的表现形式。

石秀刻田黄石《白居易诗意图》，画中三人的动态一目了然，无需太多面部细节已经能够引发人们的无尽遐想，如此精致传神的写意雕刻，似乎也只有在寿山石雕中才能欣赏到。

寿

山

石

买

卖

秘

笈

附　周宝庭古兽人物欣赏

老一辈中国工艺美术大师周宝庭，人称"异臂"。

周宝庭之所以被寿山石行业内共尊为一代宗师，不仅仅是因为他的艺德高尚，其古兽和人物雕刻方面的造诣被公认为登峰造极，尤其是他对动物古兽造型结构的理解和对线条比例的拿捏已然炉火纯青，才能创作出如此丰富多姿的古兽，这也是那些一招鲜的工匠所无法企及的。他的寿山石雕刻艺术不仅秉承了东门派和西门派的传统技艺，还受到了东洋艺术审美和青石雕的影响，早已跳出写实的框架束缚，风格直追唐汉。其作品旨在追求"势"、"神"、"意"，并能够用最简练的线条将古兽造型交代清楚，展示出一种"古拙"的风貌，从下图的《云纹古兽》造型中即可见一斑。

大家仔细欣赏周宝庭大师的古兽造型就会发现，其中不少都颇有几分现代动漫的风貌。卡通化的动物角色塑造是对动物形象的高度凝练，它们常常通过局部的夸张放大来彰显角色的个性和神韵，线条看似单调的叮当猫、唐老鸭之所以能够风靡全球数十年，其形象塑造功不可没。周宝庭大师在上世纪六七十年代就能博采众长，汲古融今，创作出此等在今天看来都显得非常时尚的古兽造型，着实令人赞叹。本书有幸能够与众多的周宝庭艺术精品结缘，在此精选部分，让大家共同领略周宝庭大师的风范。

周宝庭大师生前的工作台简朴至极，锉刀是他最拿手的工具

挺虎

虎

岛牛

濑鱼

三角蟾

云纹兽

鼎狮

鼎螭

羊

古象

独角端

几凤

麒麟吐书

辟邪

鹿

盘龙戏珠

寿
山
石
买
卖
秘
笈

飞马

双羊双马钮对章

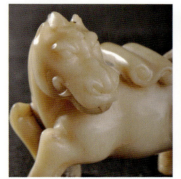

番仔骆驼鸡番仔象对章

三狮戏球

九螭穿环

滚狮戏球对章

番仔洗象对章

端

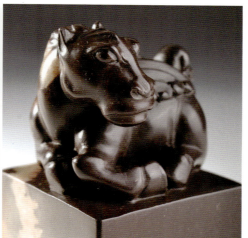

翼马

野猪

野牛

老子

铁拐李

罗汉

刘海戏蟾

张果老

织女

牛郎

黛玉

坐鼓仕女

讲讲那些行家不愿意分享的事情

六、势不可挡

　　收藏家应该具备的三大特质是实力、眼力和魄力。实力是经济实力，需要靠自身智慧和劳动赚取；眼力是经验知识，需要在市场中摸爬滚打才能积淀；魄力是心理素质，受先天和后天的因素共同影响形成。本书最后在此与读者分享自己的一些浅薄观点，希望能够帮助有志于寿山石收藏的朋友增强魄力，敢于进行寿山石乃至所有国石的投资收藏。

　　寿山石雕艺术源于正统的东方艺术体系，在书法篆刻艺术文化中作为印石载体开始萌芽，历经短短数百年渐渐融合了雕刻、水墨画、博古纹等各种传统东方艺术元素；改革开放后，一些寿山石雕刻师又成功地将西方雕塑艺术融入到寿山石雕艺术之中，使之发展成为了一个融贯中西的独特艺术体系。寿山石雕艺术在清朝就已经开始获得历代宫廷皇族的认可，时至今日更是风靡整个东亚地区，其艺术价值与市场地位都毋庸置疑，投资收藏寿山石艺术品是最受认可、安全性最高的收藏品类之一。在寿山石收藏领域，从上世纪80年代优质寿山石被大量开采之后，市场需求才开始真正被激发，大批人员投身这一产业参与雕刻创作和经营，历经短短十数年寿山石资源就已经濒临枯竭，与书画、瓷器等极具历史文化底蕴的收藏品门类相比，寿山石只能算是个年轻人。并且由于东西方审美上的巨大差异，西方文明尚未染指这一领域，寿山石长期以来一直屈居小众收藏品的地位，未获得大资本的青睐，也没有被恶意炒作过，总体而言寿山石市场仍属于原生态环境。

　　然而也许有人会提出质疑，寿山石在经过2003年至2011年的一轮价值重塑，市场价格已经今非昔比，现在再介入收藏感觉为时已晚。其实不然。曾经历时十年的"文化大革命"将全国人民的收藏水平基本拉回到同一起跑线上，改革开放才刚刚开跑三十多年，相对于历史上循环反复的太平盛世三百年而言，从现在开始介入收藏尚属早期。艺术品与土地资源一样具有稀缺性，优秀的寿山石雕艺术品更是稀缺资源。随着近年来我国经济的快速发展，在人们逐渐满足了各项物质需求之后，对精神需求的消费比重会越来越大，艺术品消费也在这长期的大趋势之中，当前投资艺术品正可谓顺势而为。对于国计民生而言，政府如果只将资本引导向土地，势必对人民的生活造成影响，不利于社会和谐稳定，而如果将资本引导向艺术品，对普通民众无伤大雅，不仅免除房价上涨

寿山石买卖秘笈

的担忧，而且还能引导人们在实现财富积累后提升审美情趣和生活品位，利大于弊。由此可以预见在未来很长一段时期内，在市场需求和政策导向的双重动力推动下，艺术品市场仍将一路向好。只是在这一发展趋势中，总有波峰波谷、潮起潮落，人们要做的只是挑选合适的时机以合适的价格介入就好。

如果将目光从国内市场转移到国际市场，我们会对寿山石雕刻艺术的发展前景更有信心。

当下的西方人圈子暂时是没有玩寿山石的，并不是因为他们不喜欢寿山石，其实人类的审美大同小异，君不见当年八国联军入华侵略时，见到我们的国宝不也是两眼发光么，只是目前他们看到这东西时，心中虽然喜欢，但是身边缺乏环境，没人买过，在缺乏参照物的情况下如此贵重的东西他是不敢买的，所以难以形成市场氛围。而且现今的寿山石雕创作题材多是东方文化为主，如观音、弥勒、古兽、梅兰竹菊，这些文化西方人不懂，所以就不对路。但是正因如此，市场机会和发展空间就存在其间。试想今后如果有人用寿山石雕刻圣经故事或西方神兽，保不准老外会痴迷成什么样。而且当下的确是西强东弱，西方文化涌入中国，中国向西方学习，包括西方文化和价值观，今后随着中国的发展崛起，中国向西方输出文化，而诗书画印是东方艺术文化最具代表性、最自豪的先锋，寿山石雕艺术必然也会渐渐得到世界范围的认可。由此可想，虽然目前寿山石收藏仅限于华人圈子，但是未来潜力却是不可估量。

此景此势，投资收藏寿山石，何惧之有。

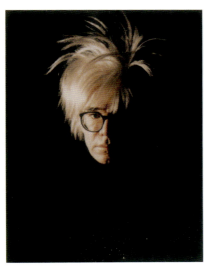

被誉为20世纪艺术界最有名的人物之一——安迪·沃霍尔，是当代波普艺术的倡导者和领袖，他所创作的作品毛泽东画像2014年在英国以760万英镑的高价被拍卖。

安迪·沃霍尔的自画像

七、文化初探

笔者曾经听人说过这样一句玩笑话："越研究寿山石文化，越发现寿山石没文化。"正是这样一句玩笑话，却点出了当前寿山石文化的贫瘠。其实，中华有着博大精深的传统文化，寿山石文化只要能够扎根于这片土壤上，受其滋养，来日必能成长为参天大树。在发展文化产业的政策背景下，各地政府高度重视对当地特色文化产业的发掘和培养，寿山石作为福州最具特色的传统文化代表，自然正逢其时。即便如此，如何快速地让寿山石文化产业发展壮大，却是一个极不简单的课题。

其实文化产业的核心价值是对人精神世界的改造，常常受环境的影响，讲求水到渠成，而非刻意而为，宣传和教育是发展文化产业最重要的工具手段。在寿山石文化中，寿山石只是一个表层的载体，其深层的内在是人的审美、人的情怀、人的精神世界体现。人们审美水平的不断提升，要求有更多优秀的具有突破性的作品来满足，因此，寿山石文化的发展本质上是市场中的创作者、商家、收藏家的精神境界共同提升的过程，是一个价值观的重塑过程。

文化需要能够转换为经济价值、被市场所认同，才能称得上产业。把钻石放在一个不知钻石为何物的人面前，它便一文不值，但是在珠宝商和钟表匠的眼中，却是价逾黄金，这就是文化的价值。人的因素是文化产业的核心，文化产业就是要创造出一批认可文化价值的人群。

在寿山石文化中，能够被市场所认可，人们愿意为之支付溢价的文化要素大致包括三个方面：取材、施艺、传承。

取材是寿山石艺术品创作的第一关。得益于大自然绚丽多彩的馈赠，千姿百态的寿山石原料已经颇具可玩性，历代文人雅士的经验总结发展至今，形成了独特的"坑洞文化"，这是仅针对于寿山石物质载体的文化，是一种相对直观的文化表现，门槛较低，容易被人们所接受，也是目前市场上最广泛认可的寿山石文化。"田黄石、荔枝石、芙蓉石、杜陵石、奇降石、善伯石"这一个个文化标签的背后，包含了人们对不同石种在经济认可度上的差异。正是得益于"坑洞文化"的平易近人和巨大魅力，寿山石得以在短短数十年间家喻户晓，并在全国各大艺术品拍卖会中占得一席之地。

施艺是寿山石艺术品最重要的环节，包括寿山石雕刻和篆刻两个方面。艺

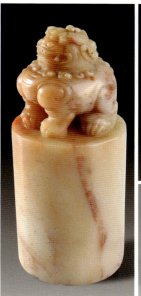

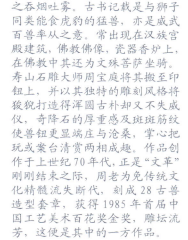

周宝庭刻狻猊钮圆章：其造型取材古代神话中龙的九子之一"狻猊"，形如狮，喜烟好坐，所以形象一般出现在香炉上，随之吞烟吐雾。古书记载是与狮子同类能食虎豹的猛兽，亦是成武百兽率从之意。常出现在汉族宫殿建筑，佛教佛像，瓷器香炉上，在佛教中其还为文殊菩萨坐骑。寿山石雕大师周宝庭将其搬至印钮上，并以其独特的雕刻风格将狻猊打造得浑圆古朴却又不失威仪，奇降石的厚重感及斑斑筋纹使兽钮更显端庄与沧桑，掌心把玩或案台清赏两相成趣。作品创作于上世纪70年代，正是"文革"刚刚结束之际，周老为免传统文化精髓流失断代，刻成28古兽造型套章，获得1985年首届中国工艺美术百花奖金奖，雕坛流芳，这便是其中的一方作品。

术家将自己的艺术理念和创作技艺通过作品展示给观众，这是最具有文化深度的核心环节，这其中包括了雕刻技艺的传承、艺术理念的表现、自我突破的创新、以及审美的演变等多个方面。以寿山石雕刻为例，譬如一件古兽印钮的创作，其造型取材何处、其象征和意义如何，创作者如何融入自我风格、表达何种意境和思想，创作过程中如何取巧、如何避让石中瑕疵从而达到与工与石的交融统一，创作者对作品都倾注了多少的时间、精力和情感，以及作品创作的时代背景、当时的主流审美取向、创作者自身的经历以及在艺术界内的贡献和地位等等，这些纷繁复杂的信息无声无息地丰富了作品的文化内涵，使得作品更具分量，人们也更愿意为这些有价值的文化支付溢价。

　　传承是寿山石艺术品在收藏家手中的流转。寿山石艺术精品的收藏家通常是文人雅士和达官显贵，远至清宫皇室、近至名人政要都与寿山石结下了不解之缘，它们的故事便自热而然地与其主人的故事捆绑在了一起，人的故事就变成了石头的故事。人们常说有故事的人最有魅力，优秀的寿山石艺术品亦是如此，美妙动人的故事就像作品外层包浆的成长那般，随着岁月的流逝而沉积于作品之中。在悠悠历史长河中，一件作品从单一的艺术价值，变成集艺术价值、文化价值、文物价值三合一的收藏品。具有文化传承的作品，证明了古往今来人们对它的认可度，因此往往其溢价更高。

清康熙"清宁之宝"寿山石印章，在嘉德
2014年春拍中创下了2070万元的成交记录，
印文"清宁之宝"，边款"玉璇"，重225g。

且看拍卖行对此宝所作的说明注释：

清代帝王的玺印，近年以来一直是艺术品市场上的"龙睛"之物。一方面，因其珍稀鲜有；另一方面，器物虽小但是却具有重要的文化与历史价值。所谓："画龙点睛"，不在大小，而在出彩也。颇富有意味的是，君王帝胄大都不满足于其最高统治者的角色，同时还要努力成为当代的最大收藏家，甚至诗人、画家、书法家、设计家和艺术鉴定家。

在帝王的一切理政和文化活动中，印章是他"不可或缺"的"参证物"。在皇帝委任翰林院文臣名宿所编辑的"庋藏总集"如《西清古鉴》《石渠宝笈》《秘殿珠林》《天禄琳琅》的著录中，帝王的印章也是作为唯一的"证物"而存在的。凡在册的藏品，一定于书画卷册、传世善本上，钤有相应的印章。正因为如此，这些印章和它们遗存下的"钤本"印迹，才成为后人为艺术品鉴定的重要依据之一。而这些印章的实物，历经兵燹和日月风雨的磨砺，如能保存至今，更具有材质、钮制、雕镂工艺之美、篆刻文字之美的艺术面貌，是历史文化与艺术遗存的绝妙合一。

嘉德从上海资深藏家征集到一方清康熙御用寿山石章。此印石材选用的是寿山石中的"善伯石"，雕刻卧马钮，印文为篆书朱文"清宁之宝"四字。此印在故宫博物院存档的《清宫历朝印薮康熙册》中有著录，经校验真实无误。

把玩"清宁之宝"，首先是印材材质灵透温润、宛若珠翠，纹理绛晕、有如珊瑚，是善伯石中的上品。寿山石有田、水、山坑之分。善伯属于山坑中的杜陵坑，产自月尾山西南，善伯洞又称"仙八洞"、"仙伯洞"，善伯洞石质地微坚而带有韧性，晶莹脂润、蜡性较强、富有光泽。在清中期以前，山坑中的高山、芙蓉、善伯石与水坑中的鱼脑、桃花冻石、田坑中的田黄并没有明显的高低之分，只是其后，因将"田黄"与"皇帝"挂钩，抬到了唬人的地位。善伯洞少人开挖，故而传世的善伯洞石旧品十分罕见。

"清宁之宝"的印钮，用精巧细腻的手法，雕刻了一匹栩栩如生的卧马。马匹安静的眼神，以及宽阔隆起的鬃毛，具有非常独特的造型特点。马头下面的印台侧面，有楷书款"玉璇"两字。清代康熙年间，闽中杨玉璇（玉璇）堪称当时的一代雕刻巨擘，他所雕刻的印钮、摆件，无论是人物禽兽俱精巧入微、顾视如生。而其运刀之神妙、盘礴尽致，堪称一绝。至今在故宫所存的不少印钮、文玩，豪放精严、古拙有致、神形兼备，均出其手。

翻检印面"清宁之宝"四个篆体朱文配以宽边框，为求布局匀称，其中"宁"字做了省笔，"之"字刻作复文，这正是清前期治印布局的特点。印面刀痕明显，这与雍正以降内府工匠制作印章，平地深铲、笔画平直、规整化一的风格，有明显的不同。以钤本与故宫所存档案比对，可以发现：印面的四角，尤其是印文上半部大约四分之一以上的部位，有些许的磨泐痕迹。此印经过了三百余年时间的磨砺，辗转流传，能保存至今也堪称"奇迹"了。

清代帝王的玺印大致可以分为几类：执政玺——如二十五宝，历朝皇帝沿用，代表皇朝政权；颁赐后妃、亲王宝玺，蒙、藏、滇边疆的玺印，还包括历朝帝后的谥宝；各处殿堂、宗庙的"殿宝"。这三类都是政权的标志物，印章就代表权力与名号。除此而外是我们于书画作品，典籍善本中常见的玺印，多属于某位皇帝"私用"的印章，如"御书"、"御笔"、"宸翰"之类，也有成语、成句或自撰的句子，如康熙的"稽古有文"、"敕几清晏"；雍正的"为君难"、"亲贤爱民"；乾隆的"几暇怡情"、"古稀天子"等。此外，顺治还常钤"广运之宝"，康熙也用"懋勤殿宝"，雍正常用"养心殿宝"，乾隆常用"避暑山庄"等印。

帝王的玺印大多属于下令镌制，很多印章皇帝本人还要积极参与设计、定稿，然后由内务府酌定委派工匠分头制作。也有遇生辰寿诞，由地方官吏访名手秘制、恭献的印章，此无非是讨好献媚、以博一哂，但稍有差池，反会招来申饬、罢官，这一类印章，很少进入"宝薮"著录。

这方"清宁之宝"，从篆刻的角度来看，在文字布局方面，或康熙参与了设计，从镌刻的刀痕分析，与雍正以后的寿山石印章，面貌上具有很明显的区别，推测应是康熙委命文臣而非工匠篆刻的。

此印的收藏家，是沪上名宿汪统老先生。汪老生于 1916 年 9 月，卒于 2011 年 2 月。自幼饱习传统文化，青年时毕业于上海"圣约翰大学"经济系，学贯中西。汪老自小就善写榜书大字，又精通诗律。年轻时曾用"忒翁"的笔名，后来即用作别号。在这件玺印囊匣的正面，有其亲笔题写的笺条。汪老以世交和文友的身份，结识了许多著名的书画、篆刻家，其一生收藏也主要集中在这两方面。汪老藏石极富，从上世纪 40 年代开始收藏，并不拘于"田黄"、"鸡血"一类的昂贵石材，而是只要喜欢就不拘一格的买下来，并且渐有名气。在上海解放前夕，有钱人争相割金换币之时，他却醉心于购石觅印。日积月累自然就"富甲一方"了。2010 年的"京沪收藏家藏品邀请展"中的印章，基本源自汪老珍藏。他还有许多收藏的趣闻，希望能有人辑录编纂起来，用作史料为文化界共享。这方"清宁之印"，就是汪老的"藏中遗珍"。

至于"清宁之印"文意若何，考索起来倒是颇有些来历。

在清迁都北京之前的盛京（沈阳）皇宫，崇政殿后高台上的内廷，是清太宗皇太极和皇后博尔济吉特氏居住的中宫。其中心的主体建筑叫做"清宁宫"，这里除了供皇帝日常居住以外，在"大清朝"奠定基业的过程中，曾扮演过重要的角色。

崇德元年（1636）皇太极立国号为"清"，正式册封博尔济吉特氏为清宁宫中宫皇后。清宁宫除供帝后日常饮食起居外，还往往是召见王公、机要大臣，密议国事和皇帝设置"家宴"的场所。其西次间也被称之为"堂子"，是萨满教祭祀的重要地方。清初，在这里皇太极还宴请过一些归降的明朝官吏，能在皇帝的中宫缳宴，当然是永生铭记的莫大荣耀。皇太极的这些笼络手段，确实产生了很大的作用。1643 年八月初九，皇太极在这里驾崩，终年 52 岁。可以说，"清宁宫"集中体现了清迁都前的民族传统、历史遗风和余韵。

顺治元年（1644）清帝迁都北京伊始，便建"堂子"于长安左门之外玉河桥东，大约在今天"中国对外友协"的位置。顺治十二年（1655），又将十年前刚重修过的紫禁城坤宁宫依照盛京清宁宫满族"口袋房"形式改建。将明代大殿"一明四暗"的建筑格局，改为由东次间辟门，将东间作寝宫，也就是我们今天可以见到的作为皇帝"大婚合卺"的洞房。西间三面垒连炕，作为清宫内萨满教祭祀的神堂，正门北面是宰牲煮祭肉的二连大锅台，每逢祭祀，杀猪、煮肉、食用祭肉都在这里举行。萨满教祭祀，分为"野祭"和"家祭"两种，自此在家建"堂子"进行祭祀，成为唯皇室宗亲独享的特权。

顺治十一年（1654）3 月，孝康章皇后生康熙于景仁宫，七年后的正月初七日，顺治在养心殿去世，终年只有24岁。初九日，年幼的玄烨升太和殿，即皇帝位，改明年（1662）为康熙元年。四年后的1665年，玄烨大婚。婚礼就在按照"清宁宫"改建后的"坤宁宫"内举行。而在此后，只有同治和光绪使用过这里东间的"婚房"。由此历史我们可以看出，被称为"虽曰守成，实同开创"的一代英明帝王——康熙皇帝，在继承传统与创新图治之间所担负的重任。

　　康熙曾三次东巡，第一次是在他亲政并降服鳌拜两年后的康熙十年（1671），他首巡盛京，谒陵祭祖，表示他已承续传统，再握皇权，可以告慰列祖列宗。第二次是在平定"八蕃之乱"后未久的康熙二十一年（1682）；第三次是在平定准噶尔之后的康熙三十七年（1697）。每经历重大长期艰苦奋战，奠定边疆版图之后，康熙必要重谒盛京。我们今天看到的这方"清宁之宝"，大约就是在三巡之间，康熙帝回京不久命人镌刻制作的。回溯清代宫廷沿革历史，北京紫禁城内唯有坤宁宫曾按照清宁宫改建，以承续满族文化习俗传统。而康熙为弘扬祖宗基业，鞭策自己励精图治、奋发努力，用以自警、自勉而镌制的这方印章，意味深远。

　　近年在艺术品市场，曾见数方明白无误的清宫御玺，材质有石有玉，殿宝、闲文互见。我以为，材质上的不同，没有高低等级之别，玉材若佳，故其宜矣，而若石质美焕，也是可遇而不可求得者。回顾汪统老先生的收藏经验，所谓"积石成冢"，不"从众"而独具"远见卓识"。一件收藏，得者在天、地、人和，终不在一时市值若干。收藏家之物，在于把玩自足，知其流传三味、历史典故，知其所以然，而不在藏品数量之多寡。愿此历经三百余年雨雪冰霜，兼具传奇色彩，深含一代帝王缅祖承续的"清宁之宝"，能够得到很好的延续传承。

文／罗随祖
（引自雅昌艺术网——中国嘉德国际拍卖有限公司）

　　今后人们在介绍一件作品时常常会这样说道：这块印章取材自寿山某洞石，质地如何，经某位大师精心雕琢，造型取法某朝代何造型，略施演变，寓有何意。此品曾被某收藏作自用闲章，由某位篆刻家刻何印文，钤印于哪些名家作品上，著录于哪些学术著作之中。这就像是在介绍一个人的个人简历一样，先是出生背景等基本情况——相当于作品的取材，然后是教育经历——相当于作品施艺，最后是工作经历——相当于作品的传承，这份简历越是丰富精彩，越是引人注目。

　　目前寿山石市场上，能够写出丰富简历的作品实在是屈指可数，也难怪被人诟病寿山石是一个缺乏文化底蕴的行业。但也正是如此，寿山石行业是一个年轻的拥有美好远景的朝阳行业，目前市场中的绝大部分寿山石玩家已经渐渐跨过取材阶段，行业中工重于石的呼声日高，倒逼着全行业技艺的进化。随着岁月的推演，人才的更迭，当寿山石也能够积累上类似书画瓷器行业那样厚厚的历史文化积淀之后，真正的辉煌时刻才算到来。

附　印艺欣赏

印钮、薄意、博古、浮雕是当下市场中主流的四种印石雕刻题材，再加上博大精深的篆刻艺术，构成了一个综合的印石艺术体系，印石收藏已经成为人们艺术品收藏门类中非常重要的一个组成。曾有人对印石艺术作出如此评价："诗主性灵、书贵气息、画尚形神、唯印能集大成，方寸间把中国文人的美学思想立体化了。"

一、印　钮

印钮雕刻是最传统的印石雕刻艺术之一，印台上活灵活现的各种动物、神兽、人物让静态的印章顿时有了动感，增添了许多趣味和神韵，使得印石赏玩成为一种更加立体的享受。

石癫刻都成坑石《罗汉洗象》钮章　　姚仲达刻汶洋石蛇钮章　　林荣刻荔枝洞石瑞兽钮章　　石癫刻荔枝洞石母子兽钮章

吴立旺刻月尾石《祖孙乐》钮章　　都成坑石瑞兽钮章　　郑明刻善伯洞石三螭拱璧钮章　　石癫刻芙蓉石古兽钮章

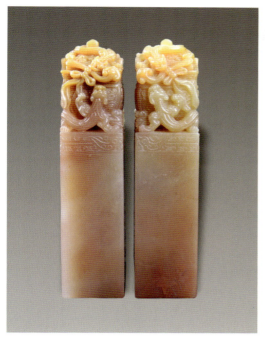

善伯洞石螭虎鼎对章　　　石癫刻高山玛瑙冻石《狮子戏球》对章

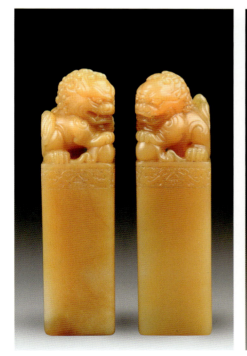

郭祥雄刻黄荔枝洞石《京狮》对章　　　王炎铨刻善伯洞石《螭龙穿环》对章

二、薄 意

　　薄意与博古雕刻艺术是雕刻师们依据印石天然的纹理，构思画面布局，再以刀代笔，勾勒成型的一种平面艺术。此种艺术形式的出现，开辟了"印中有画"的新天地，而且此画更能游于掌心、易于保存携带。优美的薄意和博古拓片本身就是极佳的艺术衍生品，可以大量复制并传播。

林清卿刻高山石《池塘清趣》

林清卿刻高山石《佛国乾坤》

《佛国乾坤》拓片

林清卿刻《水中观月》随型章

《水中观月》拓片

林清卿刻高山石山水薄意对章

林清卿刻鹿目石《溪柳独钓》

林清卿刻都成坑石《桃花牡丹》薄意对章

林清卿刻都成坑石《杏燕》薄意方章

林清卿刻都成坑石《梅花水仙》薄意方章

林清卿刻都成坑石《百合花》薄意方章

林清卿刻都成坑石《天风海涛》薄意

林文举刻芙蓉石《荷塘清趣》

林文举刻荔枝洞石《双飞图》

林荣基刻田黄石薄意印章《踏雪寻梅》

郑世斌刻灰田石日字章《一帆风顺》

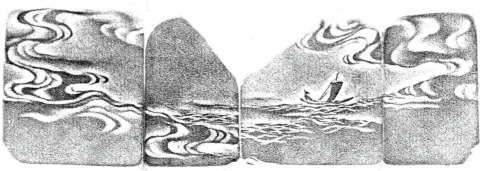

寿
山
石
买
卖
秘
笈

三、博 古

林国偁刻荔枝洞石玄鸟纹博古钮章

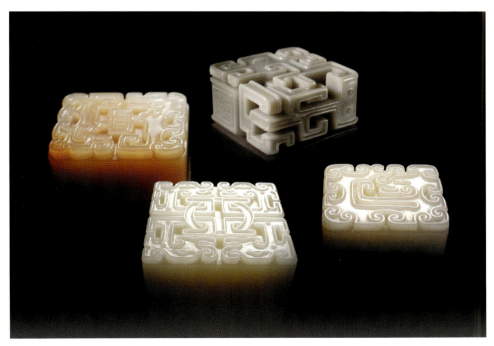

陈达作博古钮组图

寿

山

石

买

卖

秘

笈

四、浮　雕

林寿煁刻高山石《河蟹对章》

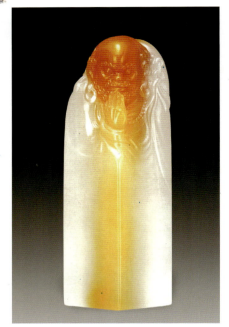

林东刻荔枝洞石《禅》

石秀刻荔枝洞石《跃龙门》

林荣发刻芙蓉石《義之爱鹅》

石秀刻高山玛瑙冻石《青草池塘处处蛙》

周宝庭刻花坑石《蛟龙》

林大榕刻山秀园石《垂钓》

林亨云刻都城坑石《海底世界》

讲讲那些行家不愿意分享的事情

五、篆 刻

　　篆刻是一门是书法和镌刻相结合的古老艺术，是汉字特有的艺术形式，拥有三千多年的悠久历史，出现过秦汉、明清两个时期的艺术高峰，拥有强大的生命力。自明清起，艺术家们常常不仅会吟诗作画，且兼善书法篆刻。篆刻艺术是书法、章法、刀法三者完美的结合，一方印中，即有豪壮飘逸的书法笔意，又有优美悦目的绘画构图，并且更兼得刀法生动的雕刻神韵，可称得上"方寸之间，气象万千"。

战国印"日庚都萃车马"

战国古玺"上官疾"

战国印"左桁廪木"

秦印"鲁季"

汉印"道侯骑马"

汉印"安居里上老印"

汉印"关中候印"

汉印"广陵王玺"

汉印"虎威将军章"

汉印"寿城亭侯"

汉印"关外候印"

汉印"万岁亭侯"

汉玉印鸟虫篆"武意"

汉鸟虫篆"杨玉"

西晋　鎏金龟钮官印"关内侯印"

明　文彭刻"七十二峰深处"

清　林皋刻"身居城市意在山林"

清　丁敬刻"敬身"

清　丁敬刻"西湖禅和"

清　蒋仁刻"真水无香"

清　邓石如刻"十分红处便成灰"

清　邓石如刻"意与古会"

清　邓石如刻"乱插繁枝向晴昊"

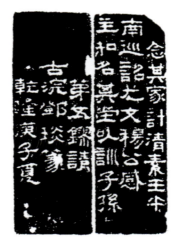

清　邓石如刻 "清素堂"

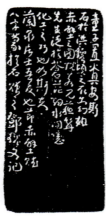

清　邓石如刻 "江流有声断岸千尺"

清　邓石如刻 "燕翼堂"

清　邓石如刻 "以介眉寿"

清　邓石如刻 "折芳馨兮遗所思"

清　奚冈刻 "求是斋"

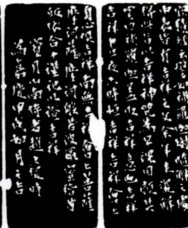

清　赵之琛刻 "补罗迦室"

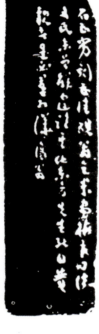

清　吴熙载刻"画梅乞米"

清　钱松刻"山水方滋"

清　钱松刻"稚禾八分"

清　徐三庚刻"延陵季子之后"

清　赵之谦刻"寿如金石佳且好兮"

附　印艺欣赏

清　吴昌硕刻"石人子室"

清　吴昌硕刻　"愚庵"

清　吴昌硕刻"破荷亭"

寿

山

石

买

卖

秘

笈

清　吴昌硕刻"无须老人"

清　黄士陵刻"十六金符斋"

齐白石刻"夺得天工"

齐白石刻 "人长寿"

齐白石刻"悔乌堂"

王福厂刻 "我欲乘风归去
又恐琼楼玉宇高处不胜寒"

韩登安刻 "只可自怡悦"

陈巨来刻 "京兆"

吴子建刻鸟虫篆 "忘形得意"

吴子建刻鸟虫篆 "与墨有缘"

笔者刻 "博闻强记"

笔者仿齐白石 "光明"

笔者刻 "天禄"

笔者仿蒋仁 "真水无香"

笔者仿黄牧甫 "怀古"

笔者仿赵之谦 "穷鸟"

笔者刻 "有毅力"

笔者刻 "一心为公"

笔者刻"春风大雅"

笔者刻 "花开堪折直须折，
莫待无花空折枝"

笔者刻 "回首望闽江"

笔者刻"天行健君子以自强不息"

附：古代篆文欣赏

西周《散氏盘》拓本

　　作于西周时期，357字金文铸于盘内底部，文字草率，开启"草篆"之端。

西周《毛公鼎》拓本

　　这是已发现先秦青铜器铭文字数最多的一件，共有金文498字。铭文记载：宣王要求臣下处理政事时，要广开言路；在征收赋税时，不得中饱私囊；对下属要严加束缚等。

战国《包山楚简》

　　作于楚怀王时期，总计一万两千余字，其书法风格体现了当时文字由篆向隶的转变。

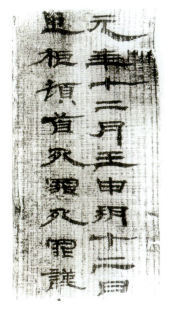

东汉《甘谷汉简》

　　这是汉代隶书发展到后期的代表性作品

东汉《曹全碑》拓本

　　在现有的汉碑中是保存汉代隶书字数较多的一块，风格隽秀结体匀整。

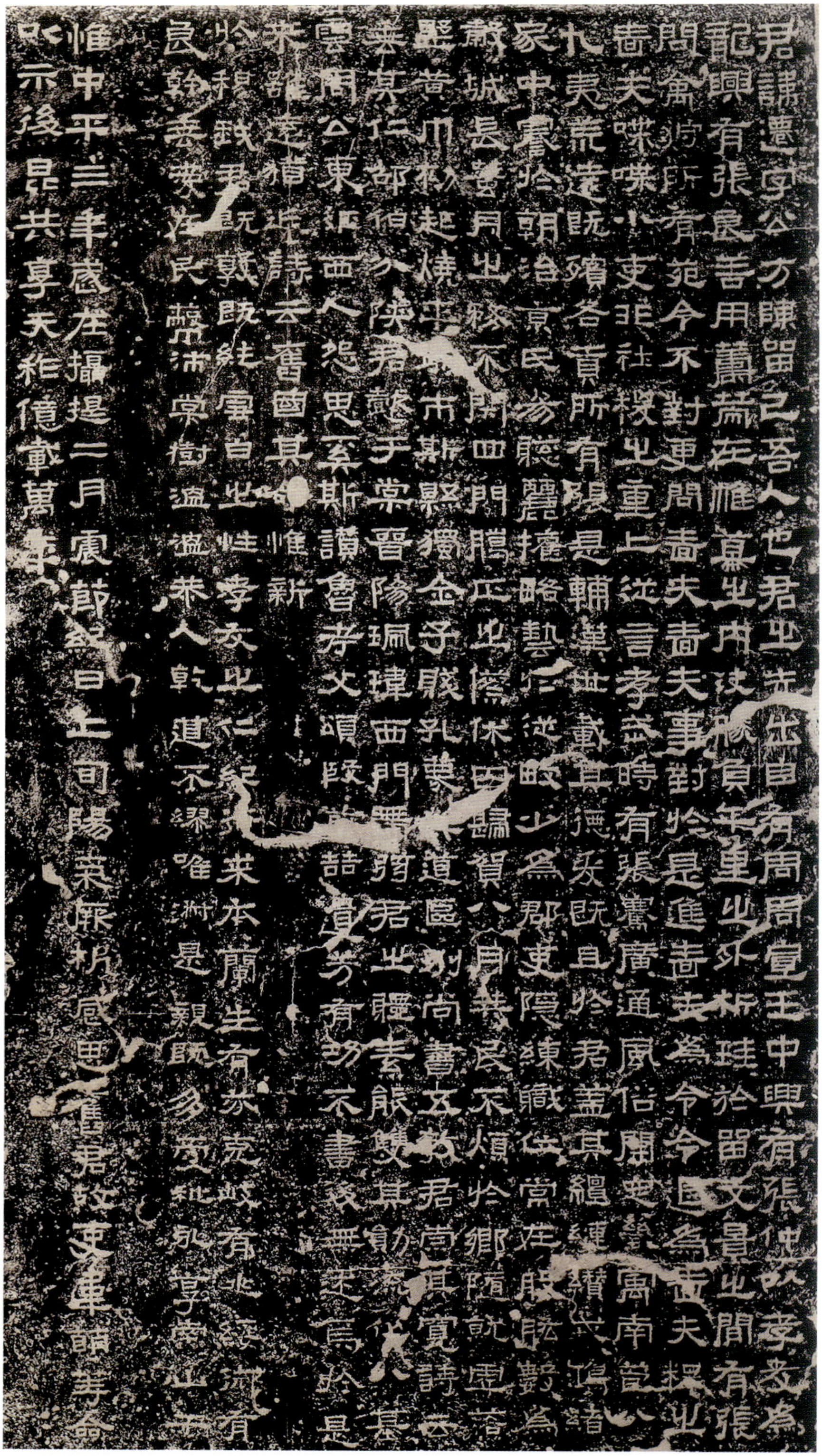

寿山石买卖秘笈

东汉《张迁碑》拓本

　　此碑书法以方笔为主，端正尔雅，是难得的汉代隶书精品。

吴《天发神谶碑》拓本

　　三国时期吴国的篆书碑刻，书法用隶书笔法作方整篆字，奇伟雄浑，篆隶并存。每字垂笔上粗下细，被后人称为"悬针篆"。

后 记

　　寿山石不仅是福州特产的珍宝，更是全国乃至全世界人民的宝贵财富，围绕着它有着许多的诱惑、许多的人物和许多的故事。2006年至2011年间，在我国经济快速发展和互联网技术引发信息快速传播的共同作用下，寿山石价格飞涨，让人们见识到寿山石作为艺术品的巨大魅力和投资收藏品的惊人潜力，人们对寿山石的兴趣度和关注度骤然升温，想不想买寿山石已经基本不成问题，关键在于敢不敢买。本书的出版，希望能够为读者化解疑虑，增强信心，让更多的人能与寿山石结下良缘，共赏奇珍。

　　寿山石雕作为一种文化艺术产品，其产业的发展离不开文化的普及，这种特色文化的认可度和辨识度将直接影响其经济效益和市场表现。业内有些同行常常以寿山石是文化沙漠自嘲，当下市场中之所以寿山石的"坑洞文化"大行其道，是因为其富于乐趣且易于识别，较容易被大众所接受，而市场对于雕刻技艺以及其他多元文化的融合则反应相对冷淡。这种单极化的文化是具有较大风险的，今后世界各地不断有类似矿产被发现并进入市场，坑洞之间的界限和辨识度会日益模糊，将会对依赖这种文化所支撑的价值体系形成巨大的挑战，因此，对雕刻技艺的深耕和与其他多元文化的融合将是今后寿山石文化发扬光大的必经之路。在艺术创作方面，近30年来我们在西方"艺术即创新"这一指导思维的影响下，过分崇尚自我与追求突破，忽视了对传统的传承。艺术的本质其实是为了超越——超越前人、超越自我，寿山石雕身为一门传统的东方艺术亦当沿着这一脉络前行才能焕发生机，在传承过去的基础上不断超越永远是东方艺术的主旋律，创新只是在不断超越过程中的副产物，如果只是为了创新而创新，那就舍本逐末了。只有在学习并吸纳前人经验智慧的基础上，先"推陈"而后"出新"，才能让自己的创新有根基，有根基才会更有生命力。

在本书临近出版之际，适逢东南亚的老挝石大量入市，笔者对目前寿山石产业的发展亦喜亦忧，有感而发并记之。

寿

山

石

买

卖

秘

笈

讲讲那些行家不愿意分享的事情

致　谢

本书的编著历时两年多，得到了诸多业界朋友的大力支持，书中部分图片来自福州寿山石文交所、福州雕刻工艺品总厂、《林氏三杰雕刻艺术》《雕坛儒风——一代宗师周宝庭》，以及众多寿山石雕刻大师和寿山石收藏家，在此一并谢过。

特别鸣谢资深寿山石专家吴立旺、郑孔杰、江秀影先生在本书的出版过程中所给予的无私帮助。

参考文献

《寿山夜话》陈锡铭、王一帆著　福建美术出版社

《寿山石种鉴真》郑宗坦著　海风出版社

《寿山石知识百讲》方宗珪著　荣宝斋出版社

《寿山石文玩钮饰》方宗珪著　荣宝斋出版社

《寿山石鉴藏指南》方宗珪著　荣宝斋出版社

《寿山石历史掌故》方宗珪著　荣宝斋出版社

《寿山石种纵横谈》吴春增著　福建美术出版社

《艺术品市场概论》陶宇著　中国建筑工业出版社

《艺术品交易这一行》杨晓斌、郑北琼译　重庆大学出版社

《交易的艺术》张雅欣、昌轶男译　东北财经大学出版社

《当代艺术品收藏指南》王炳辉译　现代出版社

《寿山石市场分析报告》人民日报出版社

《福州雕刻艺术》福建美术出版社

《历代篆刻经典技法解析丛书》重庆出版社

《吴昌硕篆刻艺术研究》刘江著　西泠印社

《齐白石篆刻艺术》戈巴著　湖南美术出版社

《篆刻三百品》韩天衡著　上海书画出版社

《清卿薄意》涂中明著　福建美术出版社

《石情画意》郑世斌著　福建美术出版社

《美学散步》宗白华著　上海人民出版社

《雅昌艺术市场报告》雅昌网

《荣宝斋》杂志

《艺术家》杂志